Saggi Tascabili Laterza
413

Gustavo Zagrebelsky
con Francesco Pallante

LORO DIRANNO, NOI DICIAMO

Vademecum sulle riforme istituzionali

Editori Laterza

www.laterza.it

Prima edizione giugno 2016

Edizione
1 2 3 4 5
Anno
2016 2017 2018 2019 2020

libertàgiustizia

Questo libro è stampato
su carta amica delle foreste

Stampato da
SEDIT - Bari (Italy)
per conto della
Gius. Laterza & Figli Spa
ISBN 978-88-581-2516-8

LORO DIRANNO, NOI DICIAMO

Vademecum sulle riforme istituzionali

LORO DIRANNO, NOI DICIAMO

Nella campagna per il referendum costituzionale i fautori del SÌ useranno alcuni slogan. Noi, i fautori del NO, risponderemo con argomenti. Loro diranno, ma noi diciamo.

1. *Diranno: "gli italiani" aspettano queste riforme da vent'anni (o trenta, o anche settanta, secondo l'estro)*

Noi diciamo che da quando è stata approvata la Costituzione – democrazia e lavoro – c'è chi non l'ha mai accettata e, non avendola accettata, ha cercato in ogni modo, lecito e illecito, di cambiarla per imporre una qualche forma di regime autoritario. Chi ha un poco di memoria ricorda i nomi di Randolfo Pacciardi, Edgardo Sogno, Luigi Cavallo, Giovanni Di Lorenzo, Junio Valerio Borghese, Licio Gelli, per non parlare di quella corrente antidemocratica nascosta che di tanto in tanto fa sentire la sua presenza nella politica italiana.

A costoro vanno affiancati – senza confonderli – coloro che negli anni hanno cercato di modificare la Costituzione spostandone il baricentro a favore del governo o del leader: commissioni bicamerali varie, "saggi" di Lorenzago, "saggi" del presidente, eccetera. È vero: tanti, da tanti anni, aspettano e pensano che questa sia finalmente "la volta buona". Ma questi non sono certo "gli italiani", i quali del resto, nella maggioranza che si è espressa nel referendum di dieci anni fa, hanno respinto un analogo tentativo, il tentativo che, più di tutti gli altri, sembrava vicino al raggiungimento dello scopo. A coloro che vogliono parlare "per gli italiani", diciamo: parlate per voi.

2. *Diranno: "ce lo chiede l'Europa"*

Noi diciamo e chiediamo a nostra volta: che cos'è l'Europa? Basta con le astrazioni. Diteci che cosa rappresenta l'Europa di oggi, se non principalmente il tentativo di garantire gli equilibri economico-finanziari del Continente per venire incontro alla "fiducia degli investitori" e proteggerli dalle scosse provenienti dal mercato mondiale. A questo fine, l'Europa ha bisogno di istituzioni statali che eseguano con disciplina i *Diktat* ch'essa emana, come quello indirizzato il 5 agosto 2011 al "caro primo ministro", contenente un vero e proprio programma di governo ultra-liberista in materia economico-sociale, associato all'invito di darsi istituzioni decidenti per eseguirlo in conformità.

Dite: "ce lo chiede l'Europa" e tacete della famosa lettera Draghi-Trichet, parallela ad analoghi documenti provenienti da "analisti" di banche d'affari internazionali, che chiede riforme istituzionali limitative degli spazi di partecipazione democratica, esecutivi forti e Parlamenti deboli, in perfetta consonanza con ciò che significano le "riforme" in corso nel nostro Paese.

Noi diciamo, invece, che dovrebbe essere questa l'ora di una riscossa democratica per liberarci dalle costrizioni della finanza e della speculazione finanziaria che impone riforme come le vostre, riforme che pesano sui più deboli per garantire gli interessi dei più forti: l'ora per riprendere seriamente, e con largo coinvolgimento democratico, il discorso sull'Unione europea come federazione di popoli. A chi dice "ce lo chiede l'Europa", poniamo a nostra volta la domanda: qual è l'Europa alla quale volete dare risposte?

3. *Diranno: le riforme servono alla "governabilità"*

Noi diciamo che la parola che usate è ambigua. Tutte le parole in *...abile*, *...ibile*, ecc., hanno un significato passivo. "Govern*abile*" è chi si lascia docilmente governare, e chiediamo: chi si deve lasciar governare, e da chi? Noi pensiamo che occorra "governo", non "governabilità", e che governo, in democrazia, presupponga idee e progetti politici capaci di suscitare consenso, partecipazione, sostegno. In assenza, la democrazia degenera in linguaggio demagogico, rassicurazioni vuote, altra faccia della rassegnazione e dell'abulia: materia passiva, irresponsabile e facile alla manipolazione. Questa è la governabilità. A chi dice "governabilità" noi rispondiamo: partecipazione e governo democratico.

4. *Diranno: ma la riforma è pur stata approvata dal Parlamento, l'organo della democrazia*

Ma noi diciamo: quale Parlamento? Il Parlamento illegittimo, eletto con una legge elettorale obbrobriosa, dichiarata incostituzionale, per l'appunto, perché antidemocratica (deputati e senatori nominati e non eletti; premio di maggioranza abnorme che ha scollato gli eletti dagli elettori).

La Corte costituzionale ha bollato quell'elezione come una specie di golpe elettorale, per avere "rotto il rapporto di rappresentanza" (testuale). È vero che la

Corte aggiunse che, per l'esigenza di continuità costituzionale, le Camere così elette non sarebbero decadute immediatamente. Ma è chiaro a tutti coloro che hanno ancora un'idea seppur minima di democrazia che da quella sentenza si sarebbe dovuto procedere tempestivamente, per mezzo di una nuova legge elettorale conforme alla Costituzione, a nuove elezioni, per ristabilire il rapporto di rappresentanza. Come minimo, ci si sarebbe aspettati un poco d'umiltà politica da parte di chi sa di essere seduto abusivamente in un posto che non gli spetta, in attesa dell'arrivo di chi ne avrebbe il diritto. Invece, addirittura della riforma costituzionale si sono sentiti investiti: nuovi costituenti!

È vero che, scandalosamente, anche da parte delle più alte autorità della Repubblica, dell'informazione e di non poca "dottrina" costituzionalistica si fa finta che non esista una questione di legittimità che getta un'ombra su tutta questa vicenda, tanto più in quanto, se non vi fosse stato l'incostituzionale premio di maggioranza, sarebbero mancati i numeri necessari per portarla a compimento. Onde si può dire che la riforma è frutto d'un furto di democrazia.

5. *Parleranno di atto d'orgoglio politico dei parlamentari, finalmente capaci di "autoriformarsi" senza guardare al proprio interesse*

Noi parliamo, piuttosto, di arroganza dell'esecutivo. Queste riforme sono state avviate dall'esecutivo con l'impulso di chi, per debolezza e compiacenza, è potuto essere per diversi anni il vero capo dell'esecutivo, il presidente della Repubblica; sono state recepite nel programma di governo e tradotte in disegni di legge imposti all'approvazione del Parlamento con ogni genere di pressione (minacce di scioglimento, di epurazione, sostituzione dei dissenzienti, bollati come dissidenti), di forzature (strozzamento delle discussioni parlamentari, caducazione di emendamenti), di trasformismo parlamentare (passaggi dall'opposizione alla maggioranza in cambio di favori e posti) fino ai voti di fiducia, come se la Costituzione e le istituzioni fossero materia appartenente al governo, fino a raggiungere il colmo: la questione di fiducia posta addirittura agli elettori, per l'approvazione referendaria della riforma ("o me o la riforma", sempre che si voglia prendere sul serio un simile proclama da parte di uno che non eccede in coerenza ed eccede invece in spregiudicatezza).

Questo non è il primato della politica, ma delle minacce e degli allettamenti. Se volete parlare di politica, noi diciamo: sì, ma sapendo che è mala politica.

6. *S'inorgogliranno chiamandosi "governo costituente"*

Noi diciamo che "governo costituente", in democrazia, è un'espressione ambigua. Sono i governi dei *caudillos* e dei colonnelli sud-americani quelli che, preso il potere, si danno la propria Costituzione: Costituzione non come patto sociale e garanzia di convivenza, ma come strumento, armatura del proprio potere. Il popolo e la sua rappresentanza, in democrazia, possono essere "costituenti". I governi, poiché sono espressione non di tutta la politica, ma solo di una parte, devono stare sotto la Costituzione e non sopra, dove credono invece di stare i nostri riformatori, che si fanno forti dello slogan "abbiamo i numeri": come se avere i numeri, comunque racimolati, equivalga a sentirsi autorizzati a fare quel che si vuole. Ridurre la democrazia a una questione di numeri è l'espressione della santa ignoranza di chi s'è accaparrato la gestione di queste cose.

7. *Diranno: l'iniziativa del governo nelle faccende costituzionali non ha nulla di anormale, e quelli che sanno porteranno l'esempio della Francia, del generale de Gaulle e della sua riforma costituzionale del 1962*

Noi ci limitiamo a porre queste domande: credete davvero di essere dei nuovi de Gaulle, capo della Resistenza repubblicana che sbarca in Normandia al momento della liberazione? E di poter paragonare l'Italia di oggi alla Francia d'allora?

La riforma francese aveva alla sua base le idee costituzionali enunciate "disinteressatamente" nel 1946 a Bayeux, guardando lontano e radicandosi nel passato della storia della Repubblica francese. Noi abbiamo invece testi raffazzonati all'ultima ora, la cui approvazione si è resa possibile per equivoci compromessi concettuali e lessicali, proprio sul punto centrale della riforma del Senato. È sembrato che, alla fine, su diverse questioni, si trattasse non di che cosa approvare, ma dell'approvare per approvare. Onde, noi diciamo che, pur di passare alla storia come i nuovi costituenti (!), non si è andati molto per il sottile.

8. *Diranno: anche ad ammettere che la riforma abbia avuto una genesi non democratica e un iter parlamentare telecomandato nei tempi e nei contenuti, alla fine la democrazia trionferà nel referendum confermativo*

Noi diciamo che la riforma quand'anche sottoposta al giudizio degli elettori porta il segno della sua origine tecnocratica unilaterale e che il referendum, richiesto dallo stesso governo che l'ha voluta, si trasformerà in un plebiscito.

Non si tratterà di un giudizio su una Costituzione

destinata a valere negli anni, ma di un voto su un governo temporaneamente in carica. Così, si mescoleranno argomenti impropri: il giudizio circa le regole fondamentali della convivenza non sarà distinguibile da una presa di posizione politica, ancora una volta confondendo Costituzione e beghe d'ogni giorno. Vedremo una campagna referendaria in cui il governo avrà una presenza battente, come se si trattasse d'una qualunque campagna elettorale a favore di una parte politica, e farà valere il "plusvalore" che assiste sempre coloro che dispongono del potere, complice anche un'informazione ormai quasi completamente allineata.

9. *Diranno: non c'è da fare tante storie, perché in fondo si tratta di una riforma essenzialmente tecnica, rivolta a razionalizzare i percorsi decisionali e a renderli più spediti ed efficienti*

Noi diciamo: altro che tecnica! È la razionalizzazione di una trasformazione essenzialmente incostituzionale, che rovescia la piramide democratica. Le decisioni politiche da tempo si elaborano dall'alto, in sedi riservate e poco trasparenti, e vengono imposte per linee discendenti sui cittadini e sul Parlamento, considerato un intralcio e perciò umiliato in tutte le occasioni che contano.

La democrazia partecipativa è stata sostituita da un sistema opposto di oligarchia riservata. Che quest'ultima funzioni poco e male a causa delle sue divisioni interne non significa affatto che non sia un'oligarchia: significa soltanto ch'essa incontra difficoltà di funzionamento.

Le "riforme" costituzionali sono in realtà adeguamenti della Costituzione a questa realtà oligarchica. Poiché siamo per la democrazia, e non per l'oligarchia, siamo contrari a questo adeguamento contrabbandato come riforma.

10. *Diranno: i partiti di sinistra, già al tempo della Costituente, avevano criticato il bicameralismo (cuore della riforma) e perfino Pietro Ingrao, ancora negli anni '80, si espresse per l'abolizione del Senato*

Noi diciamo: andate a leggere i resoconti di quei dibatti e vi renderete conto che si trattava, allora, di semplificare le istituzioni parlamentari per dare più forza alla rappresentanza democratica e fare del Parlamento il centro della vita politica (si parlava di "centralità del Parlamento"). La visione era quella della democrazia partecipativa o, nel linguaggio di Ingrao, della "democrazia di massa".

Oggi è tutto il contrario: si tratta di consolidare il primato dell'esecutivo emarginando la rappresentanza, in quanto portatrice di autonome istanze democratiche. Onde, ci sentiamo in diritto di chiedere di non falsificare la storia e di non strumentalizzare le opinioni di chi non c'è più e, probabilmente, inorridirebbe di fronte all'involuzione della democrazia nel nostro Paese – involuzione che la riforma vorrebbe istituzionalizzare, legittimando, anzi costituzionalizzando, quelle che finora è ancora possibile denunciare (almeno a parole) come violazioni delle regole della democrazia parlamentare.

11. *Diranno: siete come i ciechi conservatori che hanno paura del nuovo, anzi del "futuro-che-è-oggi", e sono paralizzati dal timore dell'"uomo forte"*

Noi diciamo che a noi non interessano "riforme" che riforme non sono, ma sono piuttosto "consolidazioni" dell'esistente: un esistente che non ci piace affatto, perché portatore di disgregazione costituzionale e di latenti istinti autoritari.

Questi istinti non si manifestano necessariamente attraverso l'uso esplicito della forza da parte di un "uomo forte". Questo accadeva in altri, più primitivi tempi. Oggi, si tratta piuttosto dell'occupazione dei posti strategici dell'economia, della politica e della cultura che forma l'ideologia egemonica del momento. Questo è ciò che sta accadendo manifestamente, e solo chi chiude gli occhi e vuole non vedere può vivere tranquillo.

Si tratta, per portare a compimento questo disegno, di eliminare o ridurre gli ostacoli (pluralismo istituzionale, organi di controllo e di garanzia) che frenano il libero dispiegarsi del potere che si coagula negli organi esecutivi. Non occorre, però, necessariamente eliminarli, ma normalizzarli, ugualizzarli, standardizzarli, il che significa l'opposto del far opera costituente.

12. *Diranno: siete per l'immobilismo, difendete l'indifendibile; una condizione della politica che non ha mai toccato un punto così basso in tutta la storia repubblicana, mentre loro vogliono rianimarla e rinnovarla*

Noi opponiamo la classica domanda alla quale i riformatori costantemente sfuggono: sono più importanti le istituzioni o coloro che operano nelle istituzioni? La risposta, che sta non solo in venerandi scritti sulla politica e sulla democrazia – che i nostri riformatori, con tranquilla e beata innocenza, mostrano d'ignorare completamente – ma anche nelle lezioni della storia, è la seguente: istituzioni imperfette possono funzionare soddisfacentemente se sono in mano a una classe politica degna e consapevole del compito di governo che le è affidato, mentre la più perfetta delle Costituzioni è destinata a funzionare malissimo in mano a una classe politica incapace, corrotta, inadeguata. Per questo noi diciamo: non accollate a una Costituzione le colpe che sono vostre. Rinnovatevi prima di cambiare la Costituzione a vostro uso e consumo. Cambiare la Costituzione, così come voi volete, significa non curare i mali della corruzione politica ma renderli più forti, cronici e incurabili.

13. *Diranno: non ve ne va bene una; la vostra è una opposizione preconcetta. Non siete d'accordo nemmeno sull'abolizione del Cnel e la riduzione dei "costi della politica"?*

Noi diciamo: qualcosa c'è su cui voteremmo pure SÌ, ma è mescolato, come argomento-specchietto, per far passare il resto presso un'opinione pubblica orientata antipoliticamente. A parte il Cnel, che in effetti s'è dimostrato in questi anni una scatola quasi vuota, la riduzione dei costi della politica avrebbe potuto essere perseguita in diversi altri modi: riduzione drastica del numero dei deputati, perfino abolizione pura e semplice del Senato in un contesto di garanzie ed equilibri costituzionali efficaci. Non è stato così. Si è voluto poter disporre di un argomento demagogico, che trova alimento nella lunga tradizione antiparlamentare che ha da sempre nutrito il qualunquismo nostrano.

Avere unificato in un solo voto referendario tanti argomenti così diversi (forma di governo e autonomie regionali) è un abile trucco, costituzionalmente scorretto, che impedisce di votare SÌ su quelle parti della riforma che, prese per sé e in sé, possono anche risultare condivisibili. Voi dite di voler combattere l'antipolitica, ma proprio voi ne esprimete l'essenza.

14. *Diranno: come è possibile disconoscere il serio lavoro svolto da numerosi esperti, a cominciare dai "saggi" del presidente della Repubblica, passando per la Commissione governativa, per le tante audizioni*

parlamentari di distinti costituzionalisti, fino ad approdare al Parlamento e al ministro competente per le riforme costituzionali? Tutto ciò non è per voi garanzia sufficiente di un lavoro tecnicamente ben fatto?

Noi, di fronte a uno schieramento tanto autorevole, ci permettiamo di richiamare una verità: le questioni costituzionali non sono mai solo tecniche. A ogni modifica della collocazione delle competenze e delle procedure corrisponde una diversa allocazione del potere. Nella specie, ciò che si sta realizzando, per l'effetto congiunto della legge elettorale e della riforma costituzionale, è l'umiliazione del Parlamento elettivo davanti all'esecutivo: l'esecutivo, cioè un organo che, non essendo "eletto", potrà derivare dall'iniziativa del presidente della Repubblica che, dall'alto, potrà manovrare – come è avvenuto – per ottenere la fiducia della Camera.

Quanto poi alla bontà del testo di riforma dal punto di vista tecnico, ci limitiamo a un esempio, e cioè la definizione delle competenze legislative da esercitare insieme dalla Camera e dal Senato (sì, il Senato rimane, il bicameralismo anche, e, se la seconda Camera non si arenerà su un binario morto, i suoi rapporti con la prima Camera daranno luogo a numerosi conflitti): "La funzione legislativa è esercitata collettivamente dalle due Camere per (*sic!*) le leggi di revisione della Costituzione e le altre leggi costituzionali, e soltanto per le leggi di attuazione delle disposizioni costituzionali concernenti la tutela delle minoranze linguistiche, i referendum popolari, le altre forme di consultazione di cui all'art. 71, per le leggi che determinano l'ordinamento, la legislazione elettorale, gli organi di governo, le funzioni fondamentali dei Comuni e delle Città metropolitane e le disposizioni di principio sulle forme associative dei

Comuni, per la legge che stabilisce le norme generali, le forme e i termini della partecipazione dell'Italia alla formazione e all'attuazione della normativa e delle politiche dell'Unione europea, per quella (?) che determina i casi di ineleggibilità e di incompatibilità con l'ufficio di senatore e di cui all'art. 65, primo comma, e per le leggi di cui agli articoli 57, sesto comma, 80, secondo periodo, 114, terzo comma, 116 terzo comma, 117, quinto e nono comma, 119, sesto comma, 120, secondo comma, 122, primo comma, e 132, secondo comma". Se questo pasticcio è il prodotto dei "tecnici", noi diciamo che hanno trattato la Costituzione come una legge finanziaria o come un Decreto milleproroghe qualunque, che sono per l'appunto formulati così.

Quanto ai contenuti, come possono i "tecnici" non aver colto le contraddizioni dell'art. 5, noto perché su di esso si è prodotta una differenziazione nella maggioranza, poi rientrata? Riguardano la composizione del Senato, e non si capisce se i senatori rappresenteranno le Regioni in quanto enti, i gruppi consiliari oppure le popolazioni; non si capisce poi se saranno effettivamente scelti dagli elettori o dai Consigli regionali. Saranno eletti – si scrive – dai Consigli regionali "in conformità alle scelte espresse dagli elettori per i candidati consiglieri". Ma, se queste scelte saranno vincolanti, non ci sarà elezione ma, al più, ratifica; se non saranno vincolanti, come si può parlare di "conformità"? Un pasticcio dell'ultima ora che darà filo da torcere a chi dovrà darne attuazione: parallele convergenti, quadratura del cerchio...

Agli autorevoli fautori di norme come queste, citate qui a modo d'esempio, chiediamo sommessamente: dite *con parole vostre* e *con parole chiare* che cosa avete voluto. Siccome nessuno l'ha fatto (né presumibilmente lo farà, perché non sa come farlo) diciamo noi, almeno, che questi tecnici non hanno dato il meglio di sé, forse perché hanno dovuto nascondere l'assenza di chiarezza che regnava nella testa di chi ha dato loro il mandato di scrivere queste norme.

15. *Diranno: la Costituzione nel suo aspetto materiale non è più da tempo in accordo con la Costituzione nel suo aspetto formale, ed è quindi giunto il momento di ratificare le trasformazioni e di razionalizzarle in un nuovo disegno istituzionale. Aggiungeranno che ciò servirà "per correre più in fretta"*

Noi diciamo che proprio questo è il punto. Noi consideriamo le trasformazioni che si sono verificate di fatto (abuso dei poteri dell'esecutivo, Parlamento prono, occupazione diffusiva del potere, disprezzo per le articolazioni della società, compressione dei diritti dei lavoratori e valorizzazione delle pretese delle *lobbies* economico-finanziarie, omologazione dell'informazione, violazione ed elusione delle procedure democratiche, ecc.), e continuiamo a denunciarle come abusi.

Non vogliamo la costituzionalizzazione degli abusi, per correre più in fretta. Non vogliamo una riforma che ci appare come l'armatura di un governo oligarchico, meno interessato alle sue responsabilità nei confronti dei cittadini e più legato agli interessi che lo hanno promosso e lo sostengono da dietro le quinte.

Noi vogliamo un governo che ascolti i cittadini e le loro organizzazioni, non sprezzante e intollerante nei confronti delle opinioni dissenzienti. Vogliamo che a coloro che non sono d'accordo resti il diritto di protestare in nome della Costituzione, e che la Costituzione non diventi lo strumento di chi è d'accordo per far tacere chi non lo è.

Se riusciamo a scorgere la sostanza dietro la forma,

vediamo che il contrasto sulla riforma costituzionale ha come posta in gioco la difesa o l'offesa di una certa idea della vita politica e sociale aperta alla competizione tra idee, aspirazioni e interessi, e ha poco a che vedere con la banale e pericolosa concezione della democrazia che si esprime nella formula: "ho i voti, dunque posso".

Non basta dire "riforme" e ripetere la parola milioni di volte. Ci sono, eccome, riforme utili per migliorare il funzionamento della Costituzione – e *Libertà e Giustizia*, per esempio, ne ha formulata una, precisamente sul Senato, neanche presa in considerazione dai riformatori –, ma a queste riforme sono state preferite quelle utili per deformarla.

Loro non lo diranno, ma lo diciamo noi

Nella confusione, una cosa è chiara: l'accentramento a favore dello Stato a danno delle Regioni e, nello Stato, a favore dell'esecutivo a danno dei cittadini e della loro rappresentanza parlamentare. Orbene, della Costituzione noi abbiamo un'idea diversa: patto solenne che unisce un popolo sovrano, che così sceglie come stare insieme in società.

"Unisce"? Questa riforma non unisce ma divide. Non è una Costituzione, ma una s-costituzione.

"Popolo sovrano"? Dov'è oggi svanita la sovranità, quella sovranità che l'art. 1 della Costituzione pone nel popolo e che l'art. 11 autorizza sì a "limitare", ma precisando le condizioni (la pace e la giustizia tra le nazioni) e vietando che sia dismessa e trasferita presso poteri opachi e irresponsabili? È superfluo ripetere quello che da tutte le parti si riconosce: per molte ragioni, il popolo sovrano è stato spodestato. Se manca la sovranità, cioè la libertà di decidere da noi della nostra libertà, quella che chiamiamo Costituzione non più è tale. Sarà, al più, uno strumento di governo di cui chi è al potere si serve finché è utile, e che si mette da parte quando non serve più. Le prassi è lì a dimostrare che proprio questo è stato l'atteggiamento sfacciatamente strumentale degli ultimi anni: la Costituzione non è stata sopra, ma sotto la politica, e perciò è stata forzata e disattesa innumerevoli volte, nel silenzio compiacente di politica, stampa e scienza costituzionale, che ogni volta si sono sforzate di dire "sì, però", e così in definitiva si sono adeguate.

Ora, la riforma non è altro che la codificazione di questa perdita di sovranità. Apparentemente, la vicenda che stiamo vivendo è una nostra vicenda. In realtà, chi la conduce lo fa in nome nostro ma, invero, per conto d'altri che già hanno fatto il bello e il cattivo tempo nei Paesi economicamente, politicamente e socialmente più deboli, e s'apprestano a continuare. Per questo, chiedono governi che non debbano dipendere dai Parlamenti e, ove sia il caso, dispongano di strumenti per mettere i Parlamenti, rappresentativi dei cittadini, nelle condizioni di non nuocere.

Proviamo a seguire questa concatenazione: la Costituzione è espressione della sovranità; se manca la sovranità, non c'è Costituzione. La Costituzione e il diritto costituzionale, con la sedicente riforma costituzionale, s'avviano a mantenere il nome, ma a perdere la cosa. L'impegno per il NO al referendum ha, nel profondo, questo significato: opporsi alla perdita della nostra sovranità, difendere la nostra libertà.

Post scriptum C'è poi ancora un altro argomento che, per la sua stupidità, abbiamo esitato a inserire nella lista di quelli meritevoli di essere presi in considerazione. È già stato usato ed è destinato a essere ripetuto in misura proporzionale alla sua insensatezza. Per questo, non lo ignoriamo semplicemente, come forse meriterebbe, ma lo collochiamo alla fine, a parte.

16. *Diranno: sarà divertente vedere dalla stessa parte un Brunetta e uno Zagrebelsky*

Noi diciamo: non fate torto alla vostra intelligenza. Come non capire che si può essere in disaccordo, anche in disaccordo profondo, sulle politiche d'ogni giorno, ma concordare sulle regole costituzionali che devono garantire il corretto confronto tra le posizioni, cioè sulla democrazia?

In verità, chi pensa di vedere in questa concordanza un motivo di divertimento, e non una seria ragione per dubitare circa il valore dei cambiamenti costituzionali in atto, non fa che confessare candidamente un suo retro-pensiero. Questo: che tra una Costituzione e una legge qualunque non c'è nessuna differenza essenziale; che, quindi, se sei in disaccordo politico con qualcuno, non puoi essere in accordo costituzionale con lui, perché tutto è politica e nulla è Costituzione. A noi, questo, non sembra un modo di pensare rassicurante.

NON ESISTEVANO PROPOSTE ALTERNATIVE A QUESTA RIFORMA?

Nella fase iniziale dei lavori parlamentari sulle riforme, in occasione delle audizioni dei costituzionalisti, uno degli autori di questo libro fu richiesto del suo parere che venne inviato in forma scritta, senza ricevere risposta alcuna. Lo stesso testo fu inviato al presidente della Repubblica.

Lo pubblichiamo qui di seguito per smentire l'affermazione che non esistessero all'epoca idee alternative.

Torino, 4 maggio 2014

Gentile signora Ministro,
desidero innanzitutto ringraziarla per l'invito a partecipare all'incontro da lei convocato il giorno 5 maggio per discutere il disegno di legge governativo di riforma della II parte della Costituzione e scusarmi della mia assenza, dovuta esclusivamente – come ho avuto modo di accennarle direttamente – a precedenti impegni che non mi è stato possibile spostare ad altra data. La notizia della convocazione non mi è pervenuta in tempo utile per altra soluzione. Nella conversazione con lei, ho anticipato il mio interesse a farle avere ugualmente, in forma scritta, qualche considerazione in proposito. Ed ecco qui le mie riflessioni, concentrate essenzialmente

sulla molto complessa e articolata proposta di riforma del Senato.

1. Il cosiddetto bicameralismo perfetto è certamente una duplicazione difficilmente giustificabile in quanto le medesime funzioni siano attribuite a due Camere che presentano la stessa sostanza politica, come è oggi, in presenza di analoghe leggi elettorali, le cui marginali e irrazionali differenze circa l'attribuzione dei "premi di maggioranza" sono tali da aver creato una grave disarmonia nella formazione delle maggioranze nell'una e nell'altra, ma non tali da averne fatto due organi di natura diversa. L'incongruenza, di per sé, non deriva dalla partecipazione paritaria a procedimenti comuni. Se le due Camere fossero espressione di "logiche e sostanze politiche" diverse, ma ugualmente apprezzabili e meritevoli di concorrere, ciascuna con il suo originale contributo, alla formazione delle decisioni politiche, non vi sarebbe ragione di scandalo. Anzi: la vita politica ne risulterebbe arricchita. Diverso, invece, il caso in cui le logiche e le sostanze politiche siano le stesse (e per di più organizzate in modo incoerente). In tal caso – che è quello che si è determinato nel nostro Paese – il "bicameralismo perfetto" (per identità di funzioni e di natura delle due Camere) è certamente un'incongruenza costituzionale. Ben vengano, dunque, le discussioni e le proposte per il suo superamento. In questo caso, ma solo in questo, vale l'osservazione (che mi pare risalga all'abate Sieyès) che, se le due Camere sono d'accordo, una delle due è inutile; e che, se non sono d'accordo, una delle due è un impiccio, un anacronismo.

2. Ugualmente comprensibile, anzi apprezzabile, è l'intento di alleggerire, di limitare i "posti della politica",

e con essi i "costi della politica", purché, naturalmente, ciò non si traduca, come effetto, in difetto di rappresentanza democratica, tanto più in presenza di forti correnti antipolitiche, per compiacere le quali esiste il rischio di cedimenti a soluzioni costituzionali antiparlamentari che possono condurre a governi forti, con contrappesi deboli.

3. Altrettanto comprensibile è l'esigenza di funzionalità delle istituzioni parlamentari, funzionalità che è precondizione (insieme alla competenza, alla moralità e alla responsabilità verso i cittadini) per l'efficace difesa della democrazia rappresentativa. Sotto questo aspetto, l'opinione comune è che il bicameralismo, così come l'abbiamo, sia difettoso. È perfino un'ovvietà che, se una legge, per diventare tale, richiede il doppio passaggio in una Camera e nell'altra, i tempi si raddoppiano e, se modifiche sono apportate nella seconda (o terza, o quarta...) lettura, i tempi s'allungano ancora in questo andare e venire che potrebbe non concludersi mai, o concludersi non in tempo utile.

Si tratta appunto di un'ovvietà, ma forse un po' troppo ovvia. L'argomento del tempo raddoppiato sarebbe incontrovertibile se si trattasse dell'approvazione di una sola legge. Ma se le proposte di legge sono numerose e si accalcano contemporaneamente, creando ingorghi all'entrata del procedimento legislativo, disporre di due porte d'ingresso consente – per continuare nell'immagine – di smaltire il traffico con una velocità doppia. Mentre una Camera lavora su una proposta, l'altra lavora su un'altra. Vero è che al termine del primo round la legge deve passarne un secondo ma, se il quadro politico fosse solido e omogeneo nelle due Camere, si tratterebbe di una mera convalida. Se non lo è, la questione non è tanto costituzionale, quanto politica. Sembra, insomma, doversi temere l'intasamento del procedimento legislativo, per così dire, "a ingresso unicamerale", cioè precisamente un effetto contrario alle intenzioni riformatrici. A meno che non si decida di sottoporlo a condizioni e termini iugulatori, come quelli indicati nell'art. 72 u.c. del progetto (60 giorni o anche meno, a discrezione del governo, secondo il Regolamento della Camera), termini che farebbero della Camera, nella realtà, un organo di ratifica delle decisioni del governo, anche perché l'iniziativa legislativa parlamentare, già oggi sottorappresentata, sarebbe ancor più emarginata in un procedimento monocamerale.

Così, la questione della funzionalità delle procedure legislative – in particolare sotto il profilo della loro messa in moto – si mostra per quella che effettivamente è: una questione che riguarda il posto della rappresentanza parlamentare nelle decisioni politiche, rispetto al governo.

4. D'altra parte, pur senza disporre di numeri e statistiche, mi pare che la questione dell'allungamento dei tempi legislativi sia non di poco sopravvalutata. Quante sono le leggi che vanno e vengono? E, soprattutto, che genere di leggi sono? L'impressione è che si tratti delle leggi di maggior rilievo, sulle quali esistono contrasti che la democrazia parlamentare dovrebbe non soffocare, ma consentire d'esprimersi in libere discussioni. Oppure, che si tratti di veri e propri errori, la cui correzione è nell'interesse stesso della maggioranza e del governo; oppure, ancora, di casi di alleggerimento della tensione politica, come quando si dice (e ancora recentissimamente s'è detto e non per poca cosa: la legge elettorale): per ora approviamo, poi ridiscuteremo.

D'altra parte, quando il governo lo ritiene necessario, c'è (quasi) sempre a disposizione la questione di fiducia, che tronca la discussione e fa piazza pulita degli emendamenti, ma sempre sotto il controllo del Parlamento, al quale spetta la parola finale.

In mancanza della seconda lettura, che cosa accadrebbe in caso d'errore o di ripensamento? La legge da correggere sarebbe in vigore e occorrerebbe promuovere un nuovo procedimento legislativo per abrogarla o modificarla: sarebbe un'alternativa conveniente, dal punto di vista dell'efficienza? E dal punto di vista della certezza del diritto? Insomma: la seconda lettura non è sempre e solo una perdita di tempo: se fosse una possibilità, quando occorre, invece che una necessità, anche quando non occorre, il giudizio in proposito dovrebbe essere diverso da quello corrente.

5. Fin qui, i miei preconcetti, giustificati o ingiustificati che siano. Ma la questione di fondo, nel mettere mano alla riforma della seconda Camera, è quella della sua sostanza politico-costituzionale. In breve: per quale ragione la si vuole mantenere? E, volendola mantenere in qualche forma, quale funzione rappresentativa le si chiede di svolgere?

Schematizzando e guardando alla storia e agli esempi che ne vengono, i Senati esprimono o *ragioni federative*, nei confronti dello Stato centrale, o *ragioni conservative*, di fronte alla Camera elettiva e alle sue mutevoli e instabili maggioranze. Le ragioni federative possono eventualmente, di fatto, risolversi in conservazione e le ragioni conservative possono risolversi in federative. Ma quello che conta è l'accento, cioè la ragione principale e, da questo punto di vista, la distinzione tiene. Il Senato degli Stati Uniti e il *Bundesrat* tedesco appartengono alla prima categoria; il Senato del Consolato e dell'Impero in Francia (il *Sénat* detto, per l'appunto, *conservateur* il quale nel 1814 dispose la decadenza di Napoleone), i Senati delle Carte costituzionali della Restaurazione (dello Statuto Albertino, per esempio) e, per ragioni prevalenti, anche il Senato francese odierno (pur nella sua matrice municipalista) appartengono alla seconda categoria.

Da noi, il dibattito si è orientato pacificamente verso l'idea del Senato come organo rappresentativo delle istituzioni territoriali, cioè – non essendo l'Italia una federazione, se non nel linguaggio politico compiacente – della Repubblica autonomista: non più Senato *della Repubblica*, ma *Senato delle Autonomie*, secondo la nuova, rivoluzionaria, denominazione. Rivoluzionaria perché viene mantenuto il divieto di "vincolo di mandato" ma è eliminata (anche per i deputati alla Camera: nuovo art. 67) la "rappresentanza della Nazione", onde c'è da chiedersi: svincolati in vista di che cosa? Per che cosa saranno eletti? Crediamo che si tratti solo di parole, e non di etica pubblica?

A quanto sembra, l'orientamento anzidetto è dominante in assoluto. Perché ciò che bene funziona in America e in Germania non dovrebbe funzionare altrettanto bene in Italia? Non esistono forse buone ragioni di coordinamento tra enti territoriali anche da noi? E poi chi si arrischierebbe, oggi, a proporre qualcosa di "conservativo"?

6. Comprendo bene che le idee, per quanto possano apparire buone – e quella che vorrei proporre all'attenzione mi pare buona –, devono tenere conto delle condizioni date. E le condizioni date sono dettate dall'opinione comunemente condivisa che si è appena detta:

una concezione che definirei “amministrativistica” e non “costituzionalistica” del Senato prossimo futuro. Si abbia un poco di pazienza e si consideri quanto segue.

La comparazione con gli Stati effettivamente federali – effettivamente significa non che hanno strutture giuridiche federali o simil-federali, ma che hanno radici in realtà così nettamente definite in senso storico-politico come sono gli Stati federati in Usa o i *Länder* in Germania – questa comparazione, dunque, mi pare porti a dire che la somiglianza con le nostre Regioni è solo esteriore. Le nostre Regioni sono grossi apparati politico-amministrativi che riproducono (salvi, forse, i casi della Valle d’Aosta e della provincia di Bolzano) vizi e virtù dell’amministrazione e della politica nazionale: sono, in altri termini, delle articolazioni più o meno felici di quest’ultima. Non è qui il caso di ragionare sulle cause ma, se ciò è vero, che senso ha un Senato delle Autonomie, se non quello di ricondurre e rispecchiare al centro ciò che già il centro ha trasmesso alla periferia? Che sostanza politica, nuova e diversa, quest’organo esprimerebbe? Nessuna, se non eventualmente maggioranze dissimili da quelle politiche che si formano alla Camera dei deputati. Personale politico di partiti si troverebbe a operare qui e là, e il Senato delle Autonomie si risolverebbe in un segmento secondario d’un sistema politico unico che ha da risolvere al suo interno questioni di natura essenzialmente amministrativa, questioni che, comunque, troverebbero sbocco finale nel contenzioso costituzionale, come già succede ora (con le complesse procedure previste, il rischio è di ulteriore confusione). Si tratterebbe d’un organo di contrattazione di risorse finanziarie e porzioni di funzioni pubbliche, in una sorta di *do ut des* che già oggi trova la sua sede nelle due “Conferenze” paritetiche Stato-Regioni e Stato-Autonomie locali.

Coloro che ragionano con tanta sicurezza di Senato delle Autonomie temo che assumano essere le "autonomie" qualcosa com'essi desidererebbero ch'esse fossero, ma che non sono. E, se sono quelle che sono, invece che quelle che si vorrebbe che fossero, il loro "senato" si riduce a ben poca e inutile cosa.

7. Se, invece, si volesse cogliere l'occasione della riforma del bicameralismo per un'innovazione che a me parrebbe davvero significativa dal punto di vista non "amministrativistico", ma "costituzionalistico", tenendo conto di un'esigenza e di una lacuna profonda nell'organizzazione della democrazia, si potrebbe ragionare partendo in premessa dalla considerazione generale che segue.

Le democrazie rappresentative tendono alla dissipazione di risorse pubbliche, materiali e immateriali. Sono regimi dai tempi brevi, segnati dalle scadenze elettorali, durante i quali gli eletti, per la natura delle cose umane, cercano la rielezione, cioè il consenso necessario per ottenerlo. Non conosciamo noi, forse, questa realtà? Debito pubblico accumulato da politiche di spesa facile nel c.d. ciclo elettorale; sfruttamento delle risorse naturali; devastazione del territorio; attentati alla salute pubblica; abuso dei beni comuni nell'interesse privato immediato; applicazioni a fattori vitali di tecnologie dalle conseguenze irreversibili, ecc. Chi se ne preoccupa, quando premono le esigenze elettorali?

Qui emergono le "ragioni conservative" della seconda Camera: non conservative rispetto al passato, come è stato nel caso dei Senati al tempo delle monarchie rappresentative, quando si pose la questione del bilanciamento delle tendenze dissipatrici della Camera elettiva e questa, secondo lo schema del "governo misto", fu affiancata dai Senati di nomina regia. Allora, i Senati erano ciò che restava dell'Antico Regime, della tradizione e dei suoi privilegi. Ciò che si voleva conservare era il retaggio del passato. Oggi, si tratta dell'opposto, cioè di ragioni conservative di opportunità per il futuro. Chi è, dunque, più conservatore? Chi, per mantenere o migliorare le proprie posizioni nel mercato elettorale, è disposto a usare tutte le risorse disponibili per ottenere il consenso immediato degli elettori, o chi, invece, si preoccupa, più che non delle sue proprie immediate fortune elettorali, dell'avvenire e di chi verrà dopo di lui?

8. Su questa linea di pensiero, la composizione del nuovo Senato risulta incompatibile con l'idea di membri tratti dalle amministrazioni regionali e locali o eletti in secondo grado dagli organi di queste, la cui durata in carica coincida con quella delle amministrazioni regionali e locali di provenienza. Questa è la prospettiva "amministrativistica". Nella prospettiva "costituzionalistica" la provvista dei membri del Senato dovrebbe avvenire in modo diverso. Nei Senati storici, a questa esigenza corrispondeva la nomina regia e la durata vitalizia della carica: due soluzioni oggi, evidentemente, improponibili ma facilmente sostituibili con l'elezione per una durata adeguata, superiore a quella ordinaria della Camera dei deputati, e con la regola della non rieleggibilità. A ciò si dovrebbero accompagnare requisiti d'esperienza, competenza e moralità particolarmente rigorosi, contenuti in regole d'incompatibilità e ineleggibilità misurate sulla natura dei compiti assegnati agli eletti.

Voci autorevoli si sono levate in questo senso, in evidente contrasto con la concezione del Senato come proiezione delle amministrazioni regionali e locali. Anche l'idea (per quanto forse già tacitamente accantonata) dei 21 senatori che il presidente della Repubblica "può" nominare (art. 57, comma 5: dunque la composizione del Senato è a numero variabile e il presidente può riservarsene una quota per eventuali "infornate"?) tra persone particolarmente qualificate corrisponde all'esigenza qui sottolineata. Si tratta d'una proposta, dal punto di vista democratico, insostenibile per una molteplicità di ragioni che i commentatori hanno già messo in luce e, dal punto di vista funzionale, del tutto irragionevole perché mescola elementi eterogenei. Non c'è bisogno di citare letteratura, infatti, per comprendere che un organo che delibera deve essere omogeneo e che, se non è omogeneo, può formulare pareri (potenzialmente diversi) ma non esprimere una (sola) volontà. Ma l'esigenza di cui i 21 sono espressione è valida e può essere soddisfatta anche per via di elezione, purché secondo i criteri sopra detti. Ai quali se ne dovrebbe aggiungere un altro: il numero limitato dei senatori. Negli Stati Uniti sono due per ogni Stato federato. Perché non anche da noi: due senatori per Regione, eletti dagli elettori delle Regioni stesse? Dunque, senza liste, listoni o "listini" che farebbero ancora una volta del Senato una propaggine del sistema dei partiti, con i condizionamenti e gli snaturamenti della loro funzione che ne deriverebbero. Questa, sì, sarebbe una novità, perfettamente democratica e tale da inserire nel circuito politico energie, competenze, responsabilità nuove. Questo, sì, sarebbe un Senato attrattivo per le forze migliori del nostro Paese che il reclutamento partitico della classe politica oggi tiene ai margini.

9. Uno dei punti critici del progetto riguarda la determinazione dei poteri e la definizione del rapporto tra

le due Camere nel bicameralismo non paritario, cioè in tutti i casi di legislazione non costituzionale. Secondo il nuovo art. 70, le leggi ordinarie sono approvate dalla Camera dei deputati, tuttavia ogni disegno di legge approvato (e non promulgato) è trasmesso immediatamente al Senato il quale, entro 10 giorni, su richiesta di 1/3 dei componenti può disporre di esaminarlo e, nei 30 giorni successivi, può deliberare proposte di modifica, sulle quali la Camera, negli ulteriori 20 giorni, si pronuncia in via definitiva. La legge è promulgata se il Senato non dispone di procedere all'esame del testo deliberato dalla Camera, se è decorso il termine per deliberare o se la Camera si è pronunciata definitivamente. In una serie di casi determinati per materie (art. 70, comma 4) la Camera deve conformarsi alla deliberazione del Senato, a meno che non si pronunci in senso diverso a maggioranza assoluta. In materia di bilanci, la Camera non può discostarsi se non a maggioranza assoluta, solo se il Senato si è pronunciato a sua volta a maggioranza assoluta. Non è qui possibile discutere la ragionevolezza di questo labirinto di regole e della bilancia che può pendere ora a favore di una Camera, ora dell'altra, a seconda delle maggioranze, e a seconda delle materie. Questo giuridicismo, applicato a organi politici, è sensato? Può funzionare? Soprattutto, non c'è il rischio di conflitti? In tema di revisione del titolo V, il progetto si è orientato al superamento del criterio delle competenze per materia, che l'esperienza ha dimostrato essere fonte di possibili frequenti contrasti. Qui, invece, le materie ricompaiono. Ma, soprattutto, che senso ha la "supervisione" del Senato quando già è nota l'esistenza d'una maggioranza alla Camera, in grado comunque d'imporre la propria scelta? Un lamento, una protesta fine a se stessa, tanto più in quanto la legge elettorale sia tale (ma sarà tale?) da costruire più o meno artificialmente vaste maggioranze legislative alla Camera dei deputati. Se esistono obiezioni, sarà la Camera stessa a prenderne cognizione. Non è che i *pro* e i *contra* sono sconosciuti, fino a quando non "scende in campo" un organo abilitato a manifestarli. La procedura davanti al Senato sarà presumibilmente destinata alla sterilità. La controprova della sua futilità è l'assenza della questione di fiducia in questa procedura: il governo non ne ha bisogno, perché ciò che solo conta è quanto accade alla Camera dei deputati.

Nella prospettiva del superamento "costituzionalistico" del bicameralismo paritario, i problemi di convivenza delle due Camere si potrebbero risolvere così. Alla Camera dei deputati, depositaria dell'indirizzo politico, sarebbe riservato il voto di fiducia (e di sfiducia). Le leggi sarebbero approvate normalmente in una procedura monocamerale. Il Senato, nei casi – si presume di numero assai limitato, ma non elencabili *a priori* – in cui ritenga essere a rischio i valori permanenti la cui tutela è sua responsabilità primaria, potrebbe chiedere l'attivazione della procedura bicamerale paritaria. Qui ci sarebbe la funzione di garanzia come "camera di ripensamento", insieme allo snellimento delle procedure in tutti i casi in cui il doppio esame non appare necessario. A sua volta, potrebbe essere proprio la Camera, per semplificare e ridurre i tempi, a chiedere eventualmente che sia il Senato a pronunciarsi per primo.

10. Un'ultima osservazione. Un certo numero di costituzionalisti, nei giorni trascorsi, ha denunciato con toni d'allarme il pericolo d'involuzione autoritaria, anzi pa-

dronale, del nostro sistema politico. Volendo vedere solo e isolatamente la questione della riforma del bicameralismo, la denuncia è apparsa eccessiva, allarmistica. Tuttavia, si parlava in quella circostanza della riforma del Senato non in sé stessa, ma come elemento d'un quadro costituzionale, formale e materiale, assai più complesso. Il quadro è composto, sì, dalla marginalizzazione della seconda Camera, ma anche dalle prospettive in cui si annuncia la riforma della legge elettorale, in vista di soluzioni fortemente maggioritarie e debolmente rappresentative, tali da configurare una "democrazia d'investitura" dell'uomo solo al comando, tanto più in quanto i partiti, da associazioni di partecipazione politica, secondo l'art. 49 della Costituzione, si sono trasformati, o si stanno trasformando, in appendici di vertici personalistici, e in quanto i parlamentari, dal canto loro, hanno scarse possibilità d'autonomia, di fronte alla minaccia di scioglimento anticipato e al rischio di non trovare più posto, o posto adeguato, in quelle liste bloccate che la riforma elettorale non sembra orientata a superare. La denuncia dunque veniva, e ancora viene, da quello che i giuristi chiamano un "combinato disposto". La visione d'insieme è quella d'un sistema politico che vuole chiudersi difensivamente su se stesso, contro la concezione pluralistica e partecipativa della democrazia, che è la concezione della Costituzione del 1948. La posta in gioco è alta. Per questo è giusto lanciare l'allarme.

Queste, gentile Ministro Boschi, sono in sintesi (una sintesi assai poco sintetica!) le osservazioni che forse avrei potuto sviluppare nell'incontro di lunedì. Della mia assenza ancora mi rammarico e mi scuso. Immagino che i tempi non saranno così stretti da impedire ulteriori confronti, a partecipare ai quali, fin da ora, se i termini degli accordi politici già presi non saranno preclusivi di discussioni costruttive, le comunico la mia disponibilità.

Con molti cordiali saluti e auguri di buon lavoro

Gustavo Zagrebelsky

VADEMECUM
SULLE RIFORME ISTITUZIONALI

L'*ITALICUM*

1. *Metodo*

Italicum è il nome "giornalistico" della nuova legge elettorale per l'elezione della Camera dei deputati, la legge n. 52/2015[1]. L'approvazione di tale legge è avvenuta dopo che la sentenza n. 1/2014 della Corte costituzionale aveva dichiarato incostituzionale la legge elettorale precedente (legge n. 270/2005, c.d. *Porcellum*).

Le disposizioni contenute nella nuova legge sono applicabili a decorrere dal 1° luglio 2016[2].

L'approvazione della nuova legge elettorale (passata per tre letture: Camera, Senato, Camera) si è svolta sulla

[1] Integra tale legge il d.lgs. n. 122/2015 che determina i collegi per l'elezione della Camera.

[2] Qualora le Camere dovessero venire sciolte prima, si voterebbe con il c.d. *Consultellum*, vale a dire quel che resta del *Porcellum* una volta eliminate le parti dichiarate incostituzionali: di fatto, un proporzionale con soglie di sbarramento piuttosto alte. C'è anche il rischio, in caso di scioglimento delle Camere prima dell'approvazione della revisione costituzionale o dopo l'eventuale vittoria del NO al referendum costituzionale, che si debba andare a votare con l'*Italicum* – di ispirazione iper-maggioritaria – per l'elezione della Camera e con il *Consultellum* – di ispirazione proporzionalistica – per l'elezione del Senato: sarebbe una grave incoerenza.

base di una serie di "forzature" procedurali che meritano di essere ricordate.

1.1. *Prima lettura alla Camera*

Anzitutto, va segnalata l'anomala formazione del testo-base.

Quando si avvia la discussione di una proposta di legge in Commissione, regola vuole che si lavori su un testo di partenza frutto della "sintesi" delle proposte giacenti.

Nel caso dell'*Italicum* si è invece partiti (nella Commissione Affari costituzionali della Camera) da un nuovo testo, non regolarmente presentato e che nulla aveva a che vedere con quelli giacenti (fingendo che fosse una "sintesi" di essi), appositamente elaborato dal presidente/relatore Francesco Paolo Sisto per recepire il contenuto del c.d. Patto del Nazareno.

In secondo luogo, non è avvenuta in Commissione la discussione degli emendamenti (circa 300). È stata, infatti, subito fissata la discussione in Aula, senza lasciare spazio alla discussione in Commissione.

Appare evidente la violazione dell'art. 72 Cost., che prescrive per la materia elettorale il procedimento legislativo ordinario. Va inoltre considerato che, in caso di immediata fissazione della discussione assembleare, l'art. 79, co. 10, reg. Camera prevede che comunque almeno 2 emendamenti a ciascun articolo proposti da ciascun gruppo debbano essere discussi e votati; cosa non avvenuta.

1.2. *Prima lettura al Senato*

Anche al Senato gli emendamenti presentati in Commissione (circa 17.000) non sono mai stati discussi. Di nuovo, è stata subito fissata la discussione in Aula senza lasciare spazio alla discussione in Commissione.

Vale quanto detto prima: è evidente la violazione dell'art. 72 Cost., che prescrive per la materia elettorale il procedimento legislativo ordinario.

La discussione in Senato è stata, però, soprattutto fortemente condizionata dall'approvazione di un emendamento premissivo (o "super-canguro"), presentato dal senatore Stefano Esposito, che, anteponendo al testo del progetto un articolo avente contenuto non normativo, ma dichiarativo del contenuto degli articoli successivi, ha fatto decadere tutti gli emendamenti "ancorati" agli articoli successivi, dal momento che l'Aula si era già pronunciata sul mantenimento del loro contenuto (secondo l'art. 97, co. 2, reg. Senato, infatti, non sono ammessi emendamenti in contrasto con deliberazioni già adottate sull'argomento nel corso della discussione). In tal modo, con un solo voto su un inutile preambolo di intenti si sono evitati tutti i voti relativi a ciascuno dei circa 35.000 emendamenti presentati (e che, va ricordato, nemmeno erano stati discussi in Commissione).

Tale tecnica è ampiamente discutibile, anzitutto perché ribalta la *ratio* dell'art. 72 Cost., che dispone espressamente che, prima del voto finale, debba avvenire la discussione articolo per articolo. Il "super-canguro", al contrario, impone per prima cosa una sorta di votazione finale, che poi obbliga i parlamentari ad adeguarvisi nelle successive votazioni articolo per articolo. Inoltre, avendo contenuto dichiarativo e non prescrittivo, l'emendamento avrebbe dovuto essere dichiarato inammissibile dalla vicepresidente Valeria Fedeli (che, invece, addirittura ha impedito di presentare subemendamenti all'emendamento Esposito, contro la lettera dell'art. 100, co. 5, reg. Senato: secondo la presidenza tale articolo era ormai disapplicato da quattro legislature e dunque non più applicabile...).

Nel merito, va anche notato che la terminologia degli articoli poi votati non coincide perfettamente con quella dell'emendamento Esposito, il che potrebbe produrre, come notato dal Comitato per la Legislazione della Camera, difficoltà interpretative.

1.3. *Seconda lettura alla Camera*

Un ulteriore strappo si è verificato, al ritorno del progetto di legge alla Camera dopo l'approvazione con modifiche da parte del Senato, con la sostituzione in Commissione Affari costituzionali, per la sola discussione sulla legge elettorale, di dieci deputati del Pd "dissenzienti" rispetto alla linea del partito (in aperto contrasto con l'art. 67 Cost., che esclude il vincolo di mandato).

Per reazione, i commissari designati dai gruppi di opposizione hanno disertato i lavori della Commissione e il presidente Sisto ne ha approfittato per considerare decaduti tutti i loro emendamenti (circa 35.000): così, la trattazione si è ridotta ai 13 presentati dai commissari rimasti (tutti respinti).

Assai più blanda la reazione dei dieci sostituiti che, terminata la seduta, sono rientrati, come nulla fosse successo, a far parte della Commissione.

Quanto alla discussione in Aula, a fronte della richiesta, da parte delle opposizioni, di svolgere alcune votazioni in modo segreto, il governo ha posto la fiducia sulle votazioni articolo per articolo in Aula.

Come conseguenza dell'imposizione della fiducia, i 155 emendamenti che erano stati presentati dalle opposizioni sono immediatamente decaduti e, così, nemmeno in quest'ultima occasione si è potuto discutere le proposte alternative a quelle del governo. In definitiva, l'intera discussione sull'*Italicum* non è mai passata attraverso l'esame degli emendamenti dell'opposizione.

La richiesta di porre la fiducia avrebbe dovuto essere respinta dalla presidente Laura Boldrini in base all'art. 116, co. 4, reg. Camera. Ai sensi di tale disposizione, infatti, "la questione di fiducia non può essere posta [...] su tutti quegli argomenti per i quali il regolamento prescrive votazioni per alzata di mano o per scrutinio segreto". Tra gli argomenti per cui il regolamento prescrive che possa essere richiesto il voto segreto vi è anche la legge elettorale (art. 49, reg. Camera: "sono altresì effettuate a scrutinio segreto, sempre che ne venga fatta richiesta, le votazioni [...] sulle leggi elettorali")[3].

Gli unici precedenti di questioni di fiducia imposte in materia elettorale risalgono ai – poco edificanti – casi della legge Acerbo (vigente il fascismo) e della legge "truffa" (vigenti diverse disposizioni regolamentari). Si era consolidata, in altre parole, una prassi parlamentare nel senso di escludere la possibilità di porre la fiducia in materia elettorale (cosa, peraltro, confermata dalla proposta di riforma del reg. Camera, in cui si prevede espressamente che "la questione di fiducia non può essere posta su progetti di legge costituzionale o elettorale").

Nonostante tutto ciò, la presidente Boldrini non ha nemmeno acconsentito alla richiesta di investire della questione la Giunta per il Regolamento.

[3] Il termine "prescrivere", utilizzato dal regolamento, può, astrattamente, assumere un doppio significato: tanto di "obbligare", quanto di "stabilire". Qual è l'interpretazione più corretta? Quella che meglio garantisce il libero dibattito parlamentare. Per questo si deve escludere l'ammissibilità della richiesta di fiducia anche nei casi di votazioni segrete a richiesta.

La conseguenza di questa (ennesima) forzatura procedurale è stato il rifiuto delle opposizioni di partecipare al voto finale, con cui è stata approvata la legge.

2. *Merito*

Nel merito, l'*Italicum* si connota principalmente per i profili seguenti.

2.1. *Premio di maggioranza*

La lista (non la coalizione) che "arriva prima" alle elezioni ottenendo almeno il 40% dei voti conquista 340 seggi (vale a dire, il 54% dei 630 seggi disponibili alla Camera).

Se nessuna lista raggiunge il 40%, si svolge un secondo turno di ballottaggio tra le due liste più votate (quale che sia la percentuale da esse ottenuta al primo turno, purché superiore alla soglia di sbarramento fissata al 3%: non c'è una soglia minima di accesso al ballottaggio). La lista che vince il ballottaggio conquista 340 seggi.

In entrambi i casi (svolgimento del ballottaggio o meno), i restanti seggi vengono ripartiti, in proporzione ai voti presi, tra le altre liste che superano la soglia di sbarramento del 3%.

Un premio di maggioranza così configurato è chiaramente eccessivo: tra governabilità e rappresentatività la legge è troppo sbilanciata a favore della prima (la sentenza n. 1/2014 della Corte costituzionale dice che si può "agevolare", non assicurare, la governabilità e che, tra le varie soluzioni tecnicamente possibili, va scelta quella meno disproporzionale).

Inoltre, si lede l'eguaglianza del voto "in uscita", vale a dire al momento della trasformazione dei voti in seggi (sempre per la sentenza n. 1/2014 non è sufficiente garantire l'uguaglianza "in entrata", vale a dire al momento dell'espressione del voto nell'urna).

È ipotizzabile che, se la Corte costituzionale si manterrà coerente con se stessa, ora che il Tribunale di Messina ha sollevato questione di incostituzionalità sull'*Italicum* (e, forse, altri Tribunali si aggiungeranno), un premio di maggioranza così configurato venga dichiarato incostituzionale.

Si aggiunga che la concreta configurazione del premio nasconde alcune clamorose assurdità:

1) cosa succede se due liste raggiungono almeno il 40% dei voti (come accadde alle elezioni del 2006)? Secondo la lettera della legge, entrambe avrebbero diritto a 340 seggi, dunque dovremmo avere – contro il dettato costituzionale – una Camera composta da 680 deputati più gli eletti all'estero (tutte le altre soluzioni ipotizzabili contrastano con la legge: così è per la non attribuzione del premio, per l'attribuzione del premio alla lista che ha più voti, per il ricorso comunque al ballottaggio);

2) cosa succede se una lista conquista la maggioranza (316 o più seggi) al primo turno senza aver raggiunto il 40% dei voti validi (ipotesi che può verificarsi, dal punto di vista matematico, se le liste che non superano la soglia di sbarramento del 3% sono molte e raccolgono nel loro complesso almeno il 27,5% dei voti)? In tal caso, poiché nessuna lista ha raggiunto il 40% deve comunque tenersi il ballottaggio, in esito al quale la lista vincente otterrà 340 seggi (e se risulterà vincente la lista che al primo turno non aveva raggiunto la maggioranza assoluta, tale lista otterrà i 340 seggi sottraendo seggi alla lista che già aveva conseguito la maggioranza assoluta...).

Infine, va anche notato che, grazie all'*Italicum*, l'Italia è il solo Paese dell'Unione europea, assieme all'Ungheria (non proprio un modello di democrazia...), con un sistema elettorale che attribuisce con certezza un'ampia maggioranza assoluta dei seggi a un solo partito[4].

2.2. *Soglia di sbarramento per l'accesso alla ripartizione dei seggi, ma non per l'accesso al ballottaggio*

Accedono alla ripartizione dei seggi solo le liste che abbiano ottenuto almeno il 3% dei voti.

Non è invece prevista alcuna soglia minima per accedere al turno di ballottaggio (vi accedono, in ogni caso, le prime due liste più votate).

Questo significa – per assurdo: ma la realtà è sempre più assurda della fantasia! – che se si presentassero alle elezioni decine di partiti e tutti prendessero pochissimi voti, con il 3,01% si accederebbe al ballottaggio e, in caso di vittoria al secondo turno, si otterrebbero 340 seggi!

Persino la legge Acerbo, ai tempi del fascismo, prescriveva che per accedere al premio di maggioranza si dovesse conseguire come minimo il 25% dei voti...

[4] In quindici Paesi dell'Ue il Parlamento è monocamerale. Di questi, quattordici adottano un sistema elettorale proporzionale, in alcuni casi con correttivi – soglie di sbarramento e ridotta dimensione dei collegi, premio di maggioranza solo nel caso della Grecia – che non danno però mai la garanzia che un partito ottenga la maggioranza assoluta dei seggi. Solo l'Ungheria, come accennato, ha un sistema elettorale misto a prevalenza maggioritaria, con meccanismi che possono dare una maggioranza abnorme al primo partito. Gli altri tredici Paesi dell'Ue hanno Parlamenti bicamerali. Di questi, dieci hanno un sistema elettorale proporzionale; due (Regno Unito e Francia) hanno un sistema maggioritario a uno o due turni in collegi uninominali, che non assicurano comunque il raggiungimento della maggioranza assoluta a uno dei partiti in lizza. Con l'*Italicum*, l'Italia è l'unico Paese con Parlamento bicamerale ad avere un sistema elettorale che assicura a un solo partito la maggioranza assoluta.

2.3. *Indicazione del "capo della forza politica"*

Ai sensi dell'art. 2, co. 8, dell'*Italicum* "i partiti o i gruppi politici organizzati che si candidano a governare depositano il programma elettorale nel quale dichiarano il nome e cognome della persona da loro indicata come capo della forza politica".

In tal modo, l'elezione per il Parlamento si trasforma (anche) nell'elezione del presidente del Consiglio dei ministri, in contrasto con l'art. 92, co. 2, Cost., che affida al presidente della Repubblica la sua nomina. Di fatto, la forma di governo viene incostituzionalmente trasformata da parlamentare in presidenziale.

D'altronde, basta provare a immaginare cosa accadrebbe in caso il governo venisse sfiduciato: si potrebbe ancora cambiare presidente del Consiglio nel corso della legislatura (requisito tipico della forma di governo parlamentare)? Sarebbe difficilissimo: un'eventuale sfiducia porterebbe allo scioglimento anticipato del Parlamento e a nuove elezioni. Detto altrimenti, solo una Camera-kamikaze potrebbe sfiduciare il governo...

Si noti anche il linguaggio utilizzato: le forze politiche "si candidano a governare" (No! In un sistema parlamentare, la candidatura è a rappresentare in Parlamento!) e hanno un "capo" (No! In democrazia non ci sono "capi"! Il "Capo del Governo" c'era durante il fascismo...).

2.4. *Capilista "bloccati" e candidature plurime*

L'Italia sarà divisa in 100 collegi, ciascuno dei quali eleggerà da 3 a 9 deputati. In caso di conquista di seggi in un collegio da parte di una lista, il primo seggio viene sempre assegnato al capolista. Solo in caso di conquista di più seggi si passa al conteggio delle preferenze (gli elettori potranno esprimere due preferenze, di cui la seconda eventuale e "di genere"). Di fatto, solo nei collegi più grandi uno o, massimo, due partiti eleggeranno più di un deputato: dunque, quasi ovunque gli eletti saranno i soli capilista.

Inoltre, ciascun capolista potrà presentarsi in più collegi, fino a un massimo di 10. Se eletto in più collegi, dovrà "optare" per uno di essi, cioè scegliere in quale essere proclamato (lasciando il posto al primo dei non eletti negli altri collegi).

Per la sentenza n. 1/2014 della Corte costituzionale ciò contrasta con il principio costituzionale della conoscibilità dei candidati da parte dell'elettore, perché non è prevedibile, in forza del gioco delle opzioni, se il candidato che l'elettore ha votato sarà o no quello poi effettivamente eletto nel collegio.

Il combinato disposto di capilista "bloccati" e candidature plurime – pensato per assicurare, grazie alle opzioni, l'elezione ai leader delle formazioni più piccole – sarà che il 60-70% dei deputati risulterà non eletto, ma nominato dai partiti attraverso la collocazione a "capo" della lista.

Si tenga anche presente che la candidatura plurima consente di eludere la legislazione sulle spese elettorali, essendo queste ultime parametrate al numero degli elettori.

3. *Un breve commento*

L'abnorme premio di maggioranza unitamente alla mancanza di una soglia di accesso al ballottaggio rende l'*Italicum* chiaramente incompatibile con il principio costituzionale della rappresentatività del Parlamento e con il rispetto della sovranità popolare di cui all'art. 1 Cost.

Tutto è sacrificato alla logica della stabilità, della governabilità, della velocità del "decidere". Dimenticando che la stabilità artificiale prodotta dai meccanismi elettorali annulla, sì, le voci dissenzienti, ma non le fratture sociali e che è proprio il divario tra le persone e tra le componenti sociali a mettere a rischio la stabilità del sistema politico complessivo. È per questo che la Costituzione esige la trasformazione della società nel senso dell'eguaglianza sostanziale, attraverso un programma di solidarietà sociale (art. 3, co. 2, Cost.).

Si potrebbe dire, in definitiva, che l'*Italicum* è incompatibile con tutta la Parte I della Costituzione (contro coloro che sostengono che le due parti siano separate).

LA REVISIONE COSTITUZIONALE

1. *Il procedimento di revisione secondo l'art. 138 Cost.*

La proposta di revisione costituzionale è contenuta nella legge costituzionale intitolata *Disposizioni per il superamento del bicameralismo paritario, la riduzione del numero dei parlamentari, il contenimento dei costi di funzionamento delle istituzioni, la soppressione del Cnel e la revisione del Titolo V della parte II della Costituzione*.

Il disegno di legge è stato proposto su iniziativa del governo, e più precisamente del presidente del Consiglio dei ministri, Matteo Renzi, e del ministro senza portafoglio per le riforme costituzionali e i rapporti con il Parlamento, Maria Elena Boschi. Per questo è conosciuto, giornalisticamente, come "ddl Renzi-Boschi".

L'art. 138 Cost. dispone che una legge di revisione costituzionale, per diventare tale, debba essere approvata, nel medesimo testo, due volte da ciascun ramo del Parlamento. In breve, è previsto che:

1) la prima deliberazione, da parte delle due Camere, avvenga come quella di una qualsiasi legge (a maggioranza semplice: metà più uno dei presenti);

2) debba poi decorrere un intervallo di almeno tre mesi;

3) si svolga, quindi, la seconda deliberazione, sem-

pre da parte di entrambe le Camere, che può condurre a due esiti: (*3a*) se avviene a maggioranza dei 2/3 (dei componenti), la legge è promulgata dal presidente della Repubblica, è pubblicata sulla Gazzetta Ufficiale ed entra in vigore; (*3b*) se avviene a maggioranza assoluta (metà più uno dei componenti), entro i successivi 3 mesi può essere richiesto un referendum oppositivo (da 1/5 dei membri di ciascuna Camera, da 5 consigli regionali, da 500.000 elettori): (*3b1*) se il referendum non viene richiesto, decorsi i 3 mesi la legge è promulgata dal presidente della Repubblica, è pubblicata sulla Gazzetta Ufficiale ed entra in vigore; (*3b2*) se il referendum viene richiesto, la legge sarà promulgata, pubblicata sulla Gazzetta Ufficiale ed entrerà in vigore solo se è approvata dalla maggioranza dei voti validamente espressi (i SÌ devono superare i NO), quale che sia la percentuale dei votanti (non c'è *quorum*).

Attenzione: nell'impianto costituzionale originario il referendum è "oppositivo", non "confermativo". È uno strumento nelle mani di chi non vuole la revisione, non di chi la vuole.

È stata la trasformazione della legge elettorale da proporzionale a maggioritaria, nel 1993, a stravolgerne, in senso plebiscitario, la funzione, perché la maggioranza assoluta, richiesta nella seconda deliberazione, non è più una soglia di garanzia (la legge maggioritaria produce per definizione una maggioranza assoluta in capo a un partito o a una coalizione, rendendo superflua la ricerca di intese con le minoranze parlamentari: ciò a cui abbiamo assistito).

La prima volta in cui la maggioranza ha utilizzato plebiscitariamente il referendum costituzionale in senso confermativo è stato nel 2001, quando il centrosinistra approvò la modifica del Titolo V della Parte II della Costituzione per un pugno di voti.

Rispetto all'*iter* previsto dall'art. 138 Cost., si è conclusa la fase della doppia deliberazione e, poiché la seconda approvazione non è avvenuta con la maggioranza dei 2/3, siamo in attesa che, dopo la richiesta, si svolga il referendum oppositivo.

Il ddl è stato incardinato al Senato il 15 aprile 2014 (atto S.1429). Il Senato lo ha approvato l'8 agosto 2014.

La Camera lo ha ricevuto l'11 settembre 2014 (atto C.2613) e lo ha approvato con modificazioni il 10 marzo 2015.

Poiché, quindi, i due rami del Parlamento non hanno approvato il medesimo testo, il ddl è dovuto tornare al Senato, dove la discussione si è però limitata alle modifiche introdotte dalla Camera (non si è tornati, cioè, a discutere le disposizioni sulle quali era "maturata la doppia conforme").

Il Senato ha ricevuto il ddl per la seconda lettura della prima deliberazione il 13 marzo 2015 (atto S.1429-B) e lo approvato, con nuove modificazioni, il 13 ottobre 2015.

Non essendosi, dunque, nemmeno in questa occasione verificata la seconda approvazione del medesimo testo, il ddl è tornato alla Camera per la discussione delle disposizioni modificate dal Senato.

La Camera ha ricevuto il ddl per la seconda lettura della prima deliberazione il 21 ottobre 2015 (atto C.2613-B) e lo ha approvato, senza modificazioni, l'11 gennaio 2016.

A questo punto, in forza di una discutibile interpretazione dell'art. 138 Cost., si è ritenuto che i 3 mesi dalla conclusione della prima deliberazione dovessero essere conteggiati a partire dall'approvazione avvenuta in ciascuna Camera (sicché il termine è decorso al Senato dal 13 ottobre 2015 e alla Camera dall'11 gennaio 2016).

Sarebbe stato molto più logico far decorrere il termine per entrambe le Camere dopo la conclusione della fase di prima deliberazione, dunque in entrambi i casi dall'11 gennaio 2016.

La seconda deliberazione è molto più rapida della prima, perché, per disposizione dei regolamenti parlamentari (artt. 98 e 99, reg. Camera e art. 123, reg. Senato), si esaurisce in una discussione generale in Commissione e in una discussione generale in Aula (non si fa la lettura articolo per articolo e, dunque, non si possono presentare emendamenti). Segue poi direttamente il voto finale sull'intero ddl di revisione.

Il Senato ha ricevuto il ddl per la seconda deliberazione il 12 gennaio 2016 (atto S.1429-D) e lo ha approvato, a maggioranza assoluta, il 20 gennaio 2016.

La Camera ha ricevuto il ddl per la seconda deliberazione il 21 gennaio 2016 (atto C.2613-D) e lo ha approvato, a maggioranza assoluta, il 12 aprile 2016.

Conclusa la seconda deliberazione, si è aperta la fase referendaria (secondo le regole dettate dagli artt. 1-26 della l. 352/1970). Senza entrare nel merito della procedura, il referendum oppositivo dovrebbe svolgersi nell'autunno del 2016.

Al referendum verrà chiesto agli elettori se sono o meno favorevoli all'entrata in vigore della legge di revisione costituzionale approvata dal Parlamento: chi non è favorevole alla revisione dovrà votare NO; chi è favorevole alla revisione dovrà votare SÌ.

2. *Il metodo*

Per comodità espositiva, si procede per punti.

2.1. *L'iniziativa governativa*

Il costituzionalismo nasce, in opposizione all'assolutismo, per sostenere la necessità di dotarsi di uno strumento – la Costituzione, appunto – che funga da limite al potere. Il costituzionalismo ritiene che il potere illimitato sia un male, perché potrebbe fare dei governati quel che vuole. Per questo si pone l'obiettivo di separare – attraverso le norme sulla forma di governo – e di limitare – attraverso le norme sui diritti – il potere.

Ne *Lo spirito delle Leggi*, Montesquieu scriveva:

> chiunque abbia potere è portato ad abusarne; egli arriva sin dove non trova limiti [...]. Perché non si possa abusare del potere occorre che [...] il potere arresti il potere.

Come si sa, il titolare del massimo potere nel nostro ordinamento è il governo.

Si capisce, allora, che è totalmente incompatibile con i princìpi del costituzionalismo che il titolare del potere assuma l'iniziativa di cambiare, secondo i suoi desideri, lo strumento che funge da limite al potere. In un caso del genere, si può dubitare che la Costituzione sia ancora un limite. Un limite è tale se è imposto dall'esterno, se è eteronomo. Se un soggetto si pone da sé i limiti alla propria azione, tali limiti non sono eteronomi, ma autonomi, cioè nella sua disponibilità. Il che vale a dire che non sono dei veri limiti.

Il governo che assume l'iniziativa di promuovere un ddl di revisione costituzionale si pone, dunque, al di fuori della logica del costituzionalismo.

2.2. *La limitazione della discussione*

Vari strumenti di diritto parlamentare ("canguro", "tagliola", "seduta-fiume") sono stati utilizzati per ridurre gli spazi di discussione e riflessione nel corso della discussione. Lo scopo è stato, sostanzialmente, quello di ridurre le possibilità che venissero approvati emendamenti presentati dalle opposizioni. Risultato: i casi in cui si sono verificati esiti delle votazioni difformi rispetto a quanto auspicato dal governo si contano sulle dita di una mano.

È chiaro che se tali strumenti di accelerazione dei tempi e compressione del dibattito possono, a volte, trovare giustificazione nel procedimento legislativo ordinario, ben diverso è il caso del procedimento di revisione costituzionale, che, per la stessa impostazione dell'art. 138 Cost., è rivolto non al contenimento, ma all'ampliamento dei tempi e delle possibilità di discussione e condivisione.

Iniziamo dalla prima deliberazione, che si è svolta – come ricordato – attraverso quattro letture: Senato, Camera, Senato, Camera.

A) Per quanto attiene alla prima lettura al Senato, va anzitutto segnalata la sostituzione di due componenti della Commissione Affari costituzionali (i senatori Mario Mauro e Corradino Mineo) perché portatori di posizioni difformi (critiche rispetto alla revisione costituzionale) rispetto a quelle dei gruppi di appartenenza, in evidente lesione dell'art. 67 Cost., che esclude ogni vincolo di mandato nell'esercizio della funzione parlamentare.

Molto discutibile anche la drastica riduzione degli emendamenti provocata dall'applicazione del c.d. "canguro" (accorpamento degli emendamenti simili ai fini del voto, per cui il rigetto di un emendamento comporta anche il rigetto di quelli di contenuto analogo, evitando il voto sugli stessi). Tale istituto è previsto dall'art. 85, co. 8, reg. Camera, ma non dal regolamento del Senato. In Senato era già stato utilizzato, ma – a quanto risulta – non nel corso di un procedimento di revisione costituzionale, anche perché l'art. 85-bis, co. 4, reg. Camera pone delle limitazioni al suo utilizzo nel corso della discussione di progetti di legge costituzionale.

Nel caso del ddl Renzi-Boschi, invece, l'utilizzabilità del "canguro" è stata autorizzata dal presidente Pietro Grasso, dando vita all'applicazione analogica parziale di una norma (una sorta di analogia "*à la carte*" che produce un risultato paradossale: il Senato applica per analogia al ddl costituzionale una norma del regolamento della Camera che la Camera stessa non potrà applicare nel corso dell'esame del medesimo ddl). In tal modo, con pochi voti è caduta la gran parte dei 7.800 emendamenti presentati.

A ciò va aggiunto il contingentamento dei tempi di discussione riservati a ciascun gruppo (c.d. "tagliola"), deciso dalla Conferenza dei capigruppo in applicazione dell'art. 55, co. 5, reg. Senato per assicurare l'approvazione del ddl di revisione costituzionale prima della pausa estiva dei lavori parlamentari. Finito il tempo a disposizione per la discussione, si è così proceduto al voto, a prescindere dalla circostanza che vi fosse stata o meno l'opportunità di illustrare tutti gli emendamenti presentati. In tal modo, la maggior parte degli emendamenti sono "caduti" senza poter nemmeno essere discussi.

B) Riguardo alla prima lettura del ddl costituzionale alla Camera, vi è da rilevare che, dopo una lunga fase di stallo, la discussione in Assemblea si è svolta con il contingentamento dei tempi e ha potuto concludersi solo grazie a una "seduta-fiume" durata due giorni e due notti. In tal modo, le ore dedicate ai ca. 1.150 emendamenti dell'opposizione sono state "schiacciate" in un lasso temporale molto breve, con evidenti ricadute sulla serenità della discussione. L'idea stessa che si discuta la revisione costituzionale di notte, mentre i cittadini dormono, ha un che di paradossale. Tanto più che, una volta conclusa l'affrettatissima discussione alla Camera, i lavori non sono ripresi al Senato che dopo 4 mesi...

Da parte della maggioranza è stata anche tentata la presentazione di emendamenti "pseudo-sostitutivi", che però sono stati dichiarati inammissibili dalla presidenza.

C) Con riferimento alla seconda lettura al Senato va anzitutto segnalato il mancato svolgimento dell'esame del ddl costituzionale in Commissione: dopo aver visti dichiarati inammissibili dalla presidente Anna Finocchiaro la maggior parte degli emendamenti presentati (circa 500.000), il ddl è stato mandato direttamente in Aula senza procedere né alla discussione articolo per articolo né alla votazione finale (decisione difficilmente riconducibile al dettato costituzionale).

In Aula spicca, poi, la grottesca vicenda Calderoli, con gli 82 milioni di emendamenti (!) prodotti dal senatore leghista al computer e dichiarati irricevibili dal presidente Grasso (non inammissibili, perché l'inammissibilità richiede comunque un esame del merito) sulla base della necessità di assolvere al compito della presidenza di far rispettare il calendario dei lavori e di non creare un "precedente che consenta di bloccare i lavori parlamentari per un tempo incalcolabile".

Nonostante dopo la doppia "sforbiciata", in Commissione e in Aula fossero rimasti in discussione solo poche decine di emendamenti, la maggioranza ha, poi, fatto ricorso a un emendamento "pseudo-sostitutivo", presentato dal senatore Roberto Cociancich, che, riscrivendo artificiosamente l'intero art. 1 del ddl di revisione relativo alle modalità di elezione del Senato (e dunque ponendo un emendamento formalmente, anche se non contenutisticamente, più "lontano" dal testo dell'articolo emendando), ha fatto decadere quasi tutti gli ulteriori emendamenti "sopravvissuti" alla dichiarazione di irricevibilità. Poco prima era stato anche tentato dal senatore Esposito il "super-canguro" (o emendamento premissivo), ma il presidente Grasso lo aveva dichiarato inammissibile.

D) Relativamente alla seconda lettura alla Camera ci si può limitare a segnalare la bocciatura, sia in Commissione sia in Aula, di tutti i pochi emendamenti presentati dalle opposizioni (circa 85).

Passando alla seconda deliberazione, occorre prendere in considerazione due passaggi: al Senato e alla Camera.

A) In merito alla seconda deliberazione al Senato, vanno evidenziati i tempi rapidissimi di discussione (seduta antimeridiana, pomeridiana e notturna del 18 gennaio 2016 e seduta antimeridiana del 19 gennaio 2016), al punto che in Commissione non tutti i senatori iscritti a parlare hanno potuto realmente farlo e che nemmeno vi è stato modo di nominare un relatore per i lavori d'Aula (i lavori della Commissione sono stati succintamente illustrati dalla presidente Finocchiaro).

Di fatto, contro il dettato costituzionale e regolamentare, si è passati all'esame dell'Aula senza che l'esame in Commissione referente fosse stato concluso.

B) Anche la seconda deliberazione alla Camera si è svolta assai frettolosamente, addirittura in soli due giorni: l'11 aprile 2016, dedicato alla discussione (avvenuta con il contingentamento dei tempi), e il 12 aprile 2016, riservato al voto finale. Quest'ultimo si è svolto in assenza delle opposizioni, in polemica contro la maggioranza proprio a causa dell'ennesima eccessiva accelerazione della procedura.

2.3. *La logica numerica*

Per sua natura, la riscrittura di un testo costituzionale richiederebbe di procedere attraverso un atteggiamento includente, volto all'attenta ricerca dei punti di contatto tra le diverse parti presenti in Parlamento. Tutta la discussione che si svolse in Assemblea costituente nel 1946-1947 fu segnata, nonostante momenti di tensione anche elevata, da un atteggiamento di questo genere.

Nella vicenda contemporanea, ascoltare le opposizioni ha invece soltanto significato aspettare che gli oppositori finissero di parlare per poi mettere ai voti gli stessi identici testi di prima. Solo sulla vicenda della composizione del Senato si è avuta un'apertura: ma non per convinzione, solo perché si temeva che altrimenti non ci sarebbero stati – appunto – i "numeri".

La logica della "conta finale" è senz'altro contraria allo spirito dell'art. 138 Cost. (anche se resa possibile dalla trasformazione maggioritaria del sistema elettorale), ma, soprattutto, nel caso di specie è paradossale perché i "numeri" di cui il Pd ha potuto sinora godere sono il frutto di una legge elettorale dichiarata incostituzionale, tra l'altro, proprio per quanto riguarda il premio di maggioranza (senza il premio, alla Camera il Pd avrebbe ottenuto 175-180 seggi, con il premio incostituzionale ne ha invece avuti 340!).

2.4. *Scorrettezze costituzionali*

Difficile sorvolare, infine, sulle pressioni, al limite della correttezza costituzionale, operate dalla maggioranza sugli oppositori. Tra le più eclatanti:

1) i ripetuti tentativi di "spaccare" i gruppi parlamentari ostili. Tali tentativi sono andati a buon fine (così con Sel e Fi) e le componenti passate nella maggioranza sono poi state premiate con poltrone varie (sottosegretariati o vicepresidenze di Commissione);

2) l'inserimento, nella dialettica sulle riforme, di elementi totalmente estranei a essa, come se la Costituzione fosse un elemento di rilievo ordinario e non il fondamento dell'ordinamento giuridico e sociale. Per esempio: (*a*) la promessa, rivolta dal presidente del Consiglio direttamente agli italiani, il 19 luglio 2015, di ridurre le tasse di 50 miliardi in 5 anni in cambio del sostegno popolare alle riforme (qual è il nesso?); (*b*) la proposta, rivolta dal senatore Roberto Calderoli al governo e al presidente della Repubblica il 24 agosto 2015, di ritirare 500.000 emendamenti in cambio della grazia a un omicida (di nuovo: qual è il nesso?);

3) la propaganda sui risparmi che deriverebbero dall'approvazione delle riforme (il governo ha più volte ripetuto che il nuovo Senato costerebbe 1 miliardo di euro in meno: secondo la Ragioneria generale dello Stato si può arrivare a 50-100 milioni, dal momento che rimarrebbero immutati i costi derivanti dal funzionamento degli apparati e i trattamenti pensionistici);

4) la propaganda sul bicameralismo perfetto che "blocca" il sistema perché il Parlamento non è in condizione di decidere. In proposito i dati relativi alle ultime due legislature sono di tutt'altro segno: l'80% delle leggi – quelle dal contenuto più rilevante, quasi sempre di iniziativa governativa – sono approvate nel giro di 100-

150 giorni. Nel caso della legge di ratifica del Trattato di risoluzione unica (quello sul risanamento bancario e il salvataggio interno) sono bastati appena 13 giorni... Quanto alla "*navette*" (passaggio da una Camera all'altra), vi si fa ricorso nel 20-25% dei casi (nella XVI legislatura, su 391 leggi approvate per 90 si è fatto ricorso alla "*navette*": 3 hanno richiesto più di 4 "*navette*", rispettivamente: 7, 6 e 5; 12 ne hanno richieste 4; 75 si sono limitate a 3 "*navette*"). Paradossalmente, l'organo davvero lento a produrre norme è il governo, che impiega a volte anni ad adottare i regolamenti attuativi delle leggi approvate dal Parlamento[1].

A coronamento, vale la pena ricordare che, intervenendo alla Camera prima del voto conclusivo dell'intero percorso, il presidente del Consiglio Renzi ha apertamente dichiarato che, nel caso della campagna elettorale sul referendum oppositivo, non esiterà a far ricorso ad argomenti demagogici. E ha incominciato subito, affermando che «il NO si spiega solo con l'odio nei miei confronti».

[1] Dal punto di vista quantitativo, la produzione legislativa del Parlamento italiano è in linea con quella dei Parlamenti dei più grandi Paesi europei. Il Parlamento italiano ha approvato 71 leggi nel 2011 e 102 nel 2012 (nel periodo 2008-2015 la media è di circa 80 leggi all'anno); il Parlamento tedesco ha approvato 153 leggi nel 2011 e 128 nel 2012; il Parlamento francese ha approvato 111 leggi nel 2011 e 82 nel 2012; il Parlamento spagnolo ha approvato 50 leggi nel 2011 e 25 nel 2012; il Parlamento inglese ha approvato 25 leggi nel 2011 e 23 leggi nel 2012. D'altro canto, che sulla produzione legislativa del Parlamento si facciano polemiche in gran parte pretestuose è dimostrato dalla diffusione, presso l'opinione pubblica, di due "certezze" tra di loro contraddittorie: che il Parlamento sia troppo lento e che l'ordinamento sia composto da un numero eccessivo di leggi (delle due l'una: o il Parlamento è lento, ma allora ci sono poche leggi; o ci sono troppe leggi, ma allora il Parlamento è veloce).

3. *Il merito*

Va anzitutto messo in luce che ci troviamo di fronte a una riforma che intende cambiare 47 articoli della Costituzione (vale a dire, più di 1/3 del totale).

Per illustrarne brevemente il contenuto, si possono isolare 8 punti: (*1*) la composizione del Parlamento; (*2*) le funzioni del Parlamento; (*3*) i rapporti governo-Parlamento; (*4*) le opposizioni parlamentari; (*5*) la Corte costituzionale; (*6*) i rapporti Stato-regioni; (*7*) la democrazia diretta; (*8*) il Cnel.

3.1. *Composizione del Parlamento*

Benché molti esponenti politici della maggioranza continuino a parlare di "abolizione" del Senato, il Parlamento resta bicamerale.

La Camera continua a essere composta da 630 deputati. Centrale, in proposito, è l'approvazione della nuova legge elettorale, l'*Italicum*, che non a caso ha accompagnato, su un binario parallelo, l'*iter* della revisione costituzionale.

Cambia invece la composizione del Senato, che da 315 membri scende a 95 (ai quali vanno aggiunti gli eventuali 5 senatori nominati per sette anni dal presidente della Repubblica: ma nel frattempo, finché non scenderanno sotto il numero di 5, restano i senatori a vita attualmente in carica).

A cambiare sono, però, soprattutto le modalità di scelta dei componenti dell'organo, che non sono più rimesse direttamente agli elettori, ma passano per il "filtro" dei consigli regionali. Le nuove disposizioni costituzionali in argomento non sono di agevolissima lettura. L'art. 57 Cost., come riscritto, stabilisce, anzitutto, che i 95 membri eletti siano così ripartiti: 22 sindaci (uno per

Regione e Provincia autonoma) e 73 consiglieri regionali (minimo due per Regione e Provincia autonoma)[2]. Quanto alle modalità di elezione, è detto che questa dovrà avvenire "con metodo proporzionale", "in conformità alle scelte espresse dagli elettori per i candidati consiglieri in occasione del rinnovo dei medesimi organi" e tenendo conto che "i seggi sono attribuiti in ragione dei voti espressi e della composizione di ciascun Consiglio". Sarà, poi, una legge elettorale bicamerale a stabilire la disciplina nel dettaglio, ma tre cose non sono chiare:

1) i Consigli regionali devono mandare in Senato i consiglieri più votati o gli elettori esprimeranno due voti (uno per il Consiglio regionale, l'altro per il Senato)? È chiaro che solo nel secondo caso si può parlare di una – comunque indiretta – indicazione popolare[3];

[2] Molti commentatori calcolano che i sindaci saranno 21 e i consiglieri regionali 74, perché, nonostante il nuovo dettato costituzionale affidi l'elezione alle Regioni (che sono venti) e alle Province autonome (che sono due), considerano che al posto della Regione Trentino-Alto Adige eleggeranno sindaco e consiglieri regionali i Consigli provinciali di Trento e Bolzano. In realtà ciò sembra tutt'altro che scontato, dal momento che lo Statuto regionale dice che il Consiglio regionale è composto dai consiglieri provinciali, non dai due Consigli provinciali: il che è molto diverso.

[3] Si è detto che la designazione indiretta dei senatori sarebbe dominante negli Stati federali e in quelli regionali. Per quanto riguarda gli Stati federali non è affatto vero: l'elezione popolare del Senato è prevista negli Stati Uniti, in Svizzera, in Australia, in Argentina, in Brasile, in Messico. Quanto agli Stati regionali, ciò è, assai parzialmente, vero solo nel caso della Spagna, dove i quattro quinti dei senatori sono eletti dal popolo e solo il quinto restante è designato dai Parlamenti delle Comunità autonome. Si è anche detto che solo in cinque Stati dell'Unione europea su ventotto è prevista l'elezione popolare della seconda Camera. La verità è che – come già visto – in quindici Stati vi è un sistema monocamerale; negli altri tredici vigono sistemi bicamerali: cinque prevedono l'elezione popolare diret-

2) la ripartizione dei seggi tra le forze politiche presenti in Consiglio regionale avverrà sulla base dei voti ricevuti da ciascuna lista o sulla base della composizione dei gruppi consiliari? La cosa non è equivalente, perché nel primo caso non avrebbe influenza il premio di maggioranza, che tutte le leggi elettorali regionali prevedono (sia pure in misura diversa), nel secondo sì;

3) se i senatori non di nomina presidenziale sono 95, e ogni Regione e Provincia autonoma esprime un sindaco (22 senatori) e due consiglieri regionali (44 senatori), per l'assegnazione dei seggi tra le Regioni in base alla popolazione residuano 29 senatori: ma come si fa, dovendo ripartire 29 posti tra 20 Regioni? Dal punto di vista matematico, non può venirne fuori alcuna distribuzione in base alla popolazione!

Questo meccanismo – per il quale i senatori sono indicati, sia pure indirettamente, dai cittadini – si applicherà solo a partire dal 2022 (prima valgono disposizioni transitorie).

Un aspetto da considerare è anche che, con il metodo previsto, il Senato andrà incontro a rinnovi parziali, dal momento che la permanenza in carica dei senatori

ta anche della seconda Camera, otto no. Di questi otto, solo uno, il Belgio, prevede che la seconda Camera sia designata dalle istituzioni territoriali (nel Regno Unito la Camera dei Lord non rappresenta certo le istituzioni territoriali; in Germania il sistema adottato non è senatoriale, ma "ambasciatoriale"; in Irlanda i senatori rappresentano diversi interessi culturali e professionali; lo stesso accade in Slovenia per il 40% dei senatori; in Francia la "platea" degli elettori è molto ampia, circa 150.000 persone; in Austria e nei Paesi Bassi, così come in Francia, può essere eletto senatore qualsiasi cittadino). Solo in Belgio 50 senatori su 60 sono eletti dalle Assemblee rappresentative delle Comunità linguistiche tra i propri membri. In definitiva: anche guardando alla riforma in chiave comparata, il nuovo Senato appare un *unicum* mal congegnato.

coincide con la durata del Consiglio regionale che li ha eletti.

Un punto molto delicato riguarda la natura della rappresentanza senatoriale.

Il nuovo art. 55, co. 5, Cost. dice che "il Senato della Repubblica rappresenta le istituzioni territoriali" (la rappresentanza "della Nazione" è riservata ai soli deputati). Ma cosa significa, esattamente, rappresentare le "istituzioni territoriali"? La rappresentanza è un istituto con cui si dà unità ai soggetti che costituiscono lo Stato. Negli ordinamenti non federali, come l'Italia, tali soggetti si riducono al popolo; negli ordinamenti federali tali soggetti sono il popolo e le entità territoriali federate. Che cosa dovrebbe rappresentare il nuovo Senato non è, in definitiva, affatto chiaro.

D'altro canto, dire che il Senato rappresenta i territori implica, a rigore, che: (*a*) o non si tratta di rappresentanza politica: ma allora a che titolo il Senato continua a partecipare al procedimento legislativo e addirittura a quello di revisione costituzionale? (cfr. *infra*, § 3.2); (*b*) o si tratta di rappresentanza politica: ma allora le componenti provenienti dalle varie Regioni dovrebbero votare omogeneamente (come avviene in Germania tramite la presenza degli esecutivi, e non dei legislativi, regionali nel Bundesrat), mentre il ddl costituzionale non prevede nulla di tutto ciò (gli eletti si organizzeranno in gruppi in base al partito di appartenenza) e addirittura non prevede la presenza dei presidenti delle Regioni (che pure, ai sensi dell'art. 121 Cost., "rappresentano" la Regione!); si tenga anche presente che l'art. 67 Cost. continua a valere anche per i senatori, sicché anch'essi, come i deputati, eserciteranno le proprie funzioni "senza vincolo di mandato" (e qui c'è un altro paradosso:

come si possono rappresentare le istituzioni territoriali senza vincolo di mandato?).

Il tutto, poi, si complica ulteriormente considerando che tra i senatori eletti da ciascun Consiglio regionale e provinciale deve esserci anche un sindaco, che – si suppone – opererà in "rappresentanza" dei Comuni della Regione (e, se questo era lo scopo, non si capisce perché tale competenza non sia stata attribuita al Cal, che pure è organo costituzionale *ex* art. 123 Cost.).

In definitiva: se si vuole che i senatori rappresentino i territori non devono essere eletti dai legislativi, ma nominati dagli esecutivi – come in Germania – e operare con vincolo di mandato; se si vuole che i senatori partecipino al processo legislativo (e di revisione costituzionale), allora devono essere eletti dal popolo o da un ampio collegio di rappresentanti di enti territoriali – come in Francia, dove gli elettori sono 150.000 e non 1.000 come sarebbero da noi – e operare senza vincolo di mandato.

Sul punto, il ddl di revisione costituzionale fa un incredibile pasticcio: teorico e pratico.

3.2. *Le funzioni del Parlamento: fiducia, indirizzo politico, competenze legislative, elezione dei giudici costituzionali, altre funzioni*

In tema di funzioni, la principale novità, rispetto alla Costituzione attuale, è che solo la Camera sarà titolare del rapporto di fiducia col governo (nuovo art. 55, co. 4, Cost.). Chiaramente, con una legge elettorale ipermaggioritaria come l'*Italicum*, che assegna 340 seggi al partito che prende più voti, il voto di fiducia si riduce a una formalità.

Ne deriva una conseguenza importante (anche tenendo conto che, grazie al sistema dei capilista bloccati, previsto sempre dall'*Italicum*, il 60-70% dei deputati sarà nominato dal leader che controlla il partito vincitore delle elezioni): nonostante quel che dice l'art. 55, co. 4, Cost. ("la Camera dei deputati [...] esercita la funzione di indirizzo politico"), l'indirizzo politico si collocherà di fatto al di fuori dal sistema parlamentare: a stabilire tale indirizzo non sarà più il Parlamento – vale a dire l'insieme dei partiti chiamati a determinare, con il loro concorso, la politica nazionale – ma esclusivamente il *premier*, eletto direttamente dai cittadini a capo di una docile maggioranza parlamentare assoluta.

Siamo al di fuori del sistema parlamentare, in quella inedita forma di governo che Leopoldo Elia – per segnarne la distanza anche dal ben più equilibrato sistema presidenziale – aveva denominato "premierato assoluto".

La non elettività del Senato e la sua esclusione dal rapporto di fiducia è incoerente con la configurazione delle sue funzioni legislative: da un lato, tale ramo del Parlamento continua inspiegabilmente a partecipare alla revisione costituzionale; dall'altro lato, per quanto attiene alla legislazione ordinaria, la situazione si fa oltremodo confusa.

Oggi l'art. 70 Cost. è lapidario: "la funzione legislativa è esercitata collettivamente dalle due Camere". Sono nove parole, comprensibili da chiunque. La nuova versione voluta dai riformatori non è agevolmente riproducibile: ammonta a 432 parole, irte di rimandi interni (tecnica legislativa sconsigliata da tutti i manuali di legistica e mai comparsa prima in Costituzione). Per esempio, anziché dire "le leggi in materia di autorizzazione alla ratifica dei trattati europei", è scritto: "le leggi di cui all'articolo 80, secondo periodo", come se chiunque potesse agevolmente cogliere il rinvio. Ci sono almeno una decina di questi rimandi, che rendono il testo complicato anche per un addetto ai lavori; figurarsi per un cittadino.

Guardando al merito, al posto di un solo procedimento legislativo bicamerale si trovano quattro procedimenti diversi:

1) leggi approvate, come oggi, da entrambe le Camere (nuovo art. 70, co. 1, Cost.). Tale procedimento vale per le leggi di revisione costituzionale e per le altre leggi costituzionali, nonché per le leggi ordinarie: sulle minoranze linguistiche, sui referendum, su Comuni e Città metropolitane, sulla partecipazione alla formazione e alla attuazione di norme Ue, sull'eleggibilità dei senatori, sulla legge elettorale del Senato, sulla ratifica dei trattati Ue, sull'ordinamento di Roma, sul regionalismo differenziato, sulla partecipazione delle Regioni speciali alla formazione e alla attuazione di norme Ue, sulle intese internazionali delle Regioni, sul patrimonio degli enti territoriali, sui poteri sostitutivi dello Stato nei confronti degli enti territoriali, sui princìpi della legge elettorale delle Regioni ordinarie, sul passaggio di un Comune da una Regione a un'altra;

2) leggi approvate dalla Camera, con possibile esame del Senato, che può decidere entro 10 giorni di esaminarle e di approvare, entro ulteriori 30 giorni, proposte di modifica su cui deciderà, poi, in via definitiva la Camera (nuovo art. 70, co. 2 e 3, Cost.). Tale procedimento vale per tutti i casi non rientranti in altre ipotesi (è l'ipotesi generale residuale);

3) leggi approvate dalla Camera, con necessario esame del Senato, che può approvare entro 10 giorni, a maggioranza assoluta, proposte di modifica su cui deciderà, poi, in via definitiva la Camera sempre a maggioranza assoluta (nuovo art. 70, co. 4, Cost.; peraltro, il dato letterale sembra lasciar intendere anche la pos-

sibilità che il Senato possa, entro 10 giorni, approvare proposte di modifica a maggioranza semplice, su cui deciderà, poi, in via definitiva la Camera sempre a maggioranza semplice). Tale procedimento vale per le leggi statali che "invadono" la competenza regionale in forza della clausola di "supremazia" statale (cfr. *infra* § 3.6);

4) leggi approvate dalla Camera, con necessario esame del Senato, che può approvare entro 15 giorni proposte di modifica su cui deciderà, poi, in via definitiva la Camera (nuovo art. 70, co. 5, Cost.). Tale procedimento vale per la legge di bilancio e per il rendiconto annuali.

È una Babele, in cui i termini (10, 15, 30 giorni) e le maggioranze (semplice o assoluta) sembrano indicati a caso. Addirittura, in alcuni casi i passaggi parlamentari obbligatori salirebbero dagli attuali due a tre... Quale sia il senso di tutto ciò è arduo da capire.

Soprattutto, va considerato che il procedimento da seguire dipende dalla materia su cui interviene la legge, ma quasi sempre le leggi si collocano a cavallo di più materie: quale procedimento seguire in questi casi? Per fare un esempio astratto, ma chiaro: una legge che regola gli agriturismi è in materia di agricoltura o di turismo? E se per le due materie sono previste procedure diverse, quale va applicata? È agevole immaginare che esploderà un'ondata di contenziosi costituzionali tra Camera e Senato in ordine al tipo di procedimento da seguire nei diversi casi, dal momento che il nuovo art. 70, co. 6, Cost. si limita a prevedere che i presidenti delle Camere decidono, di comune intesa, sui conflitti di competenza: ma chi assicura che l'intesa sarà sempre effettivamente raggiunta?

Come se non bastasse, a tutto ciò vanno aggiunte le ulteriori procedure previste da disposizioni costituzionali diverse dal nuovo art. 70 Cost.:

5) le leggi elettorali di Camera e Senato, che si differenziano dalle altre perché un quarto dei deputati o un terzo dei senatori possono richiedere il controllo preventivo da parte della Corte costituzionale entro 10 giorni dalla loro approvazione; il giudizio della Corte deve, poi, intervenire entro 30 giorni (nuovo art. 73, co. 2, Cost.);

6) le leggi approvate dalla Camera dopo esame avviato su richiesta del Senato approvata a maggioranza assoluta; la decisione della Camera deve intervenire entro 6 mesi (nuovo art. 71, co. 2, Cost.);

7) le leggi dichiarate dal governo essenziali all'attuazione del suo programma. Il governo chiede alla Camera di deliberare, entro 5 giorni, l'iscrizione della legge all'ordine del giorno, dopodiché la Camera stessa deve pronunciarsi in via definitiva entro 70 giorni (a tal fine, i tempi per l'eventuale richiesta di modifica da parte del Senato sono dimezzati); il termine di 70 giorni può essere prolungato di 15 giorni in caso di particolare complessità della legge (nuovo art. 72, co. 7, Cost.);

8) le leggi di conversione dei decreti-legge, che seguono un procedimento speciale da concludersi entro 60 giorni (salgono a 90 giorni se il presidente della Repubblica rinvia alle Camere la legge di conversione); la legge di conversione è approvata dalla Camera, salvo il Senato chieda, entro 30 giorni dalla sua presentazione alla Camera, di esaminarla; in tal caso il Senato dovrà pronunciarsi entro 10 giorni dal ricevimento ed entro 40 giorni dalla presentazione alla Camera (nuovo art. 77, co. 3 e 6, Cost.)[4];

[4] C'è però un problema. Poiché si potranno approvare decreti-legge anche nelle materie riservate alla legge bicamerale, in questi casi la legge di conversione dovrà essere bicamerale? Il dato testuale farebbe optare per una risposta negativa, tuttavia ciò renderebbe

9) le leggi dichiarate urgenti e, per questo, approvate con procedimenti speciali che saranno disciplinati dai regolamenti parlamentari (nuovo art. 72, co. 3, Cost.);

10) le leggi di iniziativa popolare, che seguiranno un procedimento speciale dettato dai regolamenti parlamentari, che devono comunque assicurare tempi d'esame certi.

In definitiva: avevamo un solo procedimento legislativo; ora arriviamo ad avere dieci procedimenti differenti! Ma la riforma non doveva servire a "semplificare" il sistema? Perché – molto più semplicemente – non si è previsto che il Senato ha un potere di "richiamo" eventuale delle leggi approvate dalla Camera e poi la Camera decide in via definitiva?

Paradossalmente, poi, i poteri del Senato aumentano rispetto a oggi con riguardo all'elezione dei giudici costituzionali.

Attualmente, cinque giudici costituzionali sono eletti dal Parlamento in seduta comune (in un consesso, dunque, in cui il minor numero dei senatori rispetto a quello dei deputati comporta un loro minor peso). La riforma vorrebbe, invece, attribuire l'elezione di tre giudici alla Camera (dove i deputati sono 630) e di due giudici al nuovo Senato composto da sole 95 (+5) persone: uno squilibrio ingiustificato.

Al Senato resta poi una serie di funzioni minori.

Avrà poteri di inchiesta parlamentare, ma limitati alle materie concernenti le autonomie territoriali e senza

troppo facilmente eludibile l'obbligo di seguire il procedimento bicamerale in determinate materie (per esempio, si potrebbe approvare un decreto-legge sull'ordinamento di Roma e poi convertirlo con procedimento monocamerale). Si deve, dunque, concluderne che il nuovo testo costituzionale contiene una lacuna che susciterà gravi incertezze interpretative.

la certezza che la Commissione d'inchiesta rappresenti le minoranze.

Potrà esprimere pareri sulle nomine compiute dal governo, ma si tratterà di pareri non vincolanti.

Avrà la titolarità di una misteriosa funzione di "raccordo" tra le Regioni, lo Stato e l'Unione europea. Ma, davvero si può immaginare che il governo si lascerà sottrarre questa delicatissima e sempre più decisiva funzione? Lo ha già escluso lo stesso esecutivo in carica, con una relazione del sottosegretario per gli Affari regionali e le autonomie Gianclaudio Bressa, in cui si dice espressamente che occorre attribuire un ruolo maggiormente politico alla Conferenza Stato-Regioni... Ma, allora, il Senato eletto dai e nei Consigli regionali, che cosa ci sta a fare?

3.3. *I rapporti governo-Parlamento*

Al di là degli effetti di condizionamento sui deputati prodotti dall'*Italicum*, il rafforzamento della posizione dell'esecutivo nei confronti del Parlamento emerge evidente con l'introduzione del c.d. voto a data certa (nuovo art. 70, co. 7, Cost.), grazie al quale – come già accennato (cfr. *supra* § 3.2) – il governo potrà chiedere alla Camera di riconoscere, entro 5 giorni, che un disegno di legge è "essenziale per l'attuazione del programma di governo"; in tal caso, la Camera deve poi votare sul ddl entro 70 giorni (prorogabili di massimo 15 giorni), avendo inoltre un potere di emendamento limitato (va garantita la "omogeneità del testo"). Il Senato vedrà poi ridotti della metà i tempi entro cui deliberare proposte di modifica.

Questa possibilità è esclusa solo per le leggi costituzionali, le leggi rimaste bicamerali, le leggi elettorali, le leggi di autorizzazione alla ratifica dei trattati internazionali, le leggi di amnistia e indulto, la legge che dà attuazione all'equilibrio di bilancio.

Si può evidenziare la similitudine fra l'istituto del "voto a data certa" e l'istituto francese del "*vote bloqué*", che ha indebolito il ruolo del Parlamento, concentrando l'intera dialettica politica nel rapporto tra presidente della Repubblica e primo ministro.

Merita anche di essere ricordato che, nel nostro ordinamento, l'ultima formalizzazione di un potere del governo di incidere sull'ordine del giorno parlamentare risale al periodo fascista (art. 6, l. 2263/1925).

Nel contempo, restano al loro posto tutti gli strumenti attraverso i quali in questi anni il governo ha manipolato sempre più a fondo i lavori parlamentari: fiducia, decreti-legge (sia pure con la costituzionalizzazione di alcuni limiti, ora dettati dalla l. 400/1988)[5], maxi-emendamenti, "canguri", "tagliole", "ghigliottine".

3.4. *Le opposizioni parlamentari*

Segnato da una forte compressione è il ruolo delle minoranze parlamentari.

Anzitutto, lo Statuto delle opposizioni, pur previsto nel nuovo testo dell'art. 64 Cost., è rinviato a eventuali future modifiche dei regolamenti parlamentari (che verranno approvati dalla maggioranza scaturita dall'*Italicum*, dunque senza alcuna garanzia che i diritti delle opposizioni siano realmente tutelati).

[5] Divieto di adottare decreti-legge in materia costituzionale, elettorale, di delegazione legislativa, di conversione di decreti-legge, di autorizzazione a ratificare trattati internazionali, di approvazione di bilanci e consuntivi; divieto di reiterazione; divieto di adottare decreti-legge privi di misure di immediata applicazione e senza contenuto specifico, omogeneo e corrispondente al titolo.

Ma, quel che forse più inquieta è la marginalizzazione del ruolo delle opposizioni in questioni che la Costituzione attuale tratta come di essenziale garanzia: l'elezione del presidente della Repubblica, l'elezione di un terzo dei membri del Csm, la dichiarazione di guerra, l'approvazione della legge di amnistia e indulto.

Il presidente della Repubblica continuerà a essere eletto dal Parlamento in seduta comune (ma senza i delegati regionali). In questa sede, complici la riduzione del numero dei senatori e la legge elettorale iper-maggioritaria vigente per la Camera, il potere della maggioranza aumenta notevolmente (un conto è avere 340 voti su 1.008 aventi diritto, un altro è avere 340 voti su 730 aventi diritto).

Nei primi tre scrutini occorreranno i due terzi dei componenti (circa 485 voti); dal quarto scrutinio si scende ai tre quinti dei componenti (circa 435 voti); dal settimo bastano i tre quinti dei votanti (più o meno 400 voti: contando che al Senato il partito che ha la maggioranza alla Camera potrebbe avere la metà dei senatori, ciò significa che la maggioranza potrebbe essere in condizione di eleggere il presidente della Repubblica da sola).

Si noti il riferimento, dal settimo scrutinio, ai "votanti" anziché ai "presenti", che agevolerà tatticismi parlamentari volti ad abbassare ulteriormente il *quorum* di elezione (in estrema ipotesi, poiché gli organi parlamentari operano come minimo alla presenza della metà più uno dei componenti, sarebbero sufficienti i tre quinti di 366 votanti, vale a dire 220 consensi...).

L'alterazione degli equilibri numerici tra Camera e Senato avrà ricadute analoghe anche sull'elezione parlamentare di un terzo dei membri del Consiglio superiore della magistratura (Csm). Tali membri continueranno a venire eletti dal Parlamento in seduta comune (art. 104 Cost.), a maggioranza dei tre quinti dei componenti nei primi due scrutini (circa 435 voti) e dei tre quinti dei presenti dal terzo scrutinio in poi (più o meno 400 voti: di nuovo, contando che al Senato il partito che ha la maggioranza alla Camera potrebbe avere la metà dei senatori, ciò significa che la maggioranza potrebbe essere in condizione di procedere da sola).

La dichiarazione dello stato di guerra è oggi di competenza di entrambe le Camere. Con la riforma (nuovo art. 78 Cost.) diventa di competenza esclusiva della Camera dei deputati, che dovrà pronunciarsi a maggioranza assoluta. Dunque, grazie all'*Italicum*, il primo partito potrà decidere da solo.

È vero che sinora si è evitato il ricorso a questo strumento (mandando i soldati a combattere guerre non definite tali), ma è anche vero che resta immutato l'art. 60 Cost., in base al quale, dopo la dichiarazione dello stato di guerra, con una legge ordinaria si potrebbero prolungare la durata della legislatura e rinviare le elezioni...

La concessione dell'amnistia e dell'indulto è disciplinata dal nuovo art. 79 Cost., che richiede sia raggiunta la maggioranza dei due terzi dei componenti della sola Camera. Significa dover raggiungere 420 voti, 80 oltre la soglia assicurata dall'*Italicum*. Sul piano delle ipotesi, con qualche accordo in Parlamento, in caso di necessità la forza di maggioranza potrebbe essere in grado di amnistiare i suoi stessi esponenti politici.

3.5. *La Corte costituzionale*

Tra gli ulteriori profili critici del ddl di revisione, merita di essere segnalata la trasformazione del ruolo della Corte costituzionale in conseguenza dell'elezione dei giudici di spettanza parlamentare non più in seduta comune, ma da parte delle due Camere separatamente.

I due giudici eletti dal Senato rischiano, anche al di

là della loro volontà, di assumere il ruolo di "giudici delle Regioni", introducendo un elemento di divisione all'interno di un organo che ha fatto della propria unità un elemento di forza (al punto da aver sempre rifiutato l'introduzione dell'opinione dissenziente).

Quanto alle sue funzioni, la Corte costituzionale acquista un'inedita competenza (nuovo art. 73 Cost.): il controllo di costituzionalità anticipato (vale a dire, prima della promulgazione) sulle leggi elettorali di Camera e Senato dietro richiesta, rispettivamente, di un un quarto dei deputati e di un terzo dei senatori. Su ciò, la Corte si pronuncia entro un mese. Non è chiaro, però, se tale controllo preventivo esclude, poi, la possibilità di attivare anche un controllo successivo, come ordinariamente previsto per tutte le leggi.

In ogni caso, il controllo preventivo potrà anche essere richiesto sulle leggi elettorali di Camera e Senato in vigore promulgate nel corso di questa legislatura (così stabiliscono le disposizioni transitorie). Dunque, anche per questa via (oltre che per via dei ricorsi presentati alla magistratura ordinaria) l'*Italicum* potrà essere sottoposto al vaglio di costituzionalità.

3.6. *I rapporti Stato-Regioni ed enti locali*

Con riguardo a quella che è stata definita la "riforma della riforma" del Titolo V, ci si può limitare a segnalare alcune questioni puntuali e a fare una considerazione generale.

Questioni puntuali:

1) viene introdotta (nuovo art. 117, co. 4, Cost.) la clausola di "supremazia" statale, che consentirà allo Stato di approvare leggi anche nelle materie di competenza regionale qualora il governo (non il Parlamento che dovrà poi legiferare...) ritenga che vi sia un interesse nazionale che giustifichi tale "invasione";

2) viene rivista la distribuzione delle competenze (nuovo art. 117 Cost.), in particolare attraverso l'aumento delle materie esclusive statali (nuovo art. 117, co. 2, Cost.; tra di esse: produzione, trasporto e distribuzione nazionale dell'energia; infrastrutture strategiche e grandi reti di trasporto; ordinamento della comunicazione; tutela e sicurezza del lavoro) e l'eliminazione della competenza concorrente (quella per cui lo Stato fa leggi-cornice, contenenti i princìpi, e le Regioni leggi di dettaglio). La competenza concorrente sembra, però, "rientrare dalla finestra" attraverso la previsione di una serie di materie definite "disposizioni generali e comuni in materia di..." o simili (per esempio, nel caso di salute, istruzione, attività culturali, turismo, governo del territorio): cos'altro sono, infatti, le "disposizioni generali e comuni" se non i vecchi princìpi delle leggi-cornice? Tutte le materie non statali sono attribuite alla competenza legislativa regionale (c.d. competenza regionale residuale), ma alcune di esse vengono espressamente nominate, altre no, così creando una situazione ambigua (nuovo art. 117, co. 3, Cost.). Facile prevedere che, come già accaduto dopo la riforma del 2001, si aprirà una nuova fase di contenzioso davanti alla Corte costituzionale per definire compiutamente il nuovo assetto delle competenze legislative;

3) viene rafforzato il regionalismo differenziato, vale a dire l'istituto per il quale le Regioni potranno rivendicare competenze legislative ulteriori (nuovo art. 116 Cost.: giustizia di pace, politiche sociali, istruzione, commercio con l'estero, beni culturali, ambiente, governo del territorio). Era già previsto, in versione più limitata, nel Titolo V approvato nel 2001, ma sinora non è mai stato utilizzato. Ammesso che fosse necessario potenziare tale strumento, se ne poteva forse approfittare per eliminare le Regioni a statuto speciale (o almeno al-

cune di esse), che dovranno sì rivedere i propri Statuti, ma intanto mantengono le forme ulteriori di autonomia che avevano ottenuto con la riforma del Titolo V del 2001 (il che ha un qualcosa di paradossale: quel Titolo V è di fatto abrogato e sostituito dalle nuove disposizioni del ddl Renzi-Boschi; ma continuerà comunque a valere per le sole Regioni speciali...);

4) viene ridotta l'autonomia organizzativa regionale (specie per le spese della politica, a proposito delle quali va sottolineato il divieto di corrispondere "rimborsi o analoghi trasferimenti monetari recanti oneri a carico della finanza pubblica in favore dei gruppi politici presenti nei Consigli regionali": vero che in questi anni i gruppi consiliari hanno spesso fatto un uso dissennato di tali risorse, ma vietarne del tutto l'erogazione, anziché controllarne severamente l'utilizzo, rischia di colpire a morte l'organizzazione politica strutturata a livello regionale, salvo per chi è ricco abbastanza da poter impiegare risorse proprie);

5) viene tendenzialmente riaccentrata a livello statale la disciplina degli enti locali, in modo da evitare eccessive differenziazioni tra Regione e Regione;

6) resta il riferimento al commissario del governo (art. 123 Cost.), un organo che non esiste più da quindici anni e che già era stato "dimenticato" nel testo costituzionale dalla revisione del 2001[6]. Possibile che nessuno lo abbia notato?

[6] La vicenda è indicativa di un certo modo di fare le riforme. La Costituzione approvata nel 1948 prevedeva che tutte le leggi regionali dovessero essere vistate dal commissario del governo, un organo di controllo presente in ogni Regione. Quando, nel 1999, venne attribuita alle Regioni l'autonomia statutaria, fu previsto che, diversamente dalle altre, la legge di approvazione dello Statuto regionale non necessitasse del visto del commissario del governo. Nel 2001 fu, poi,

Considerazione generale: la Costituzione approvata nel 1948 è rimasta tale e quale per cinquant'anni; la riforma del 2001 è già da riformare dopo appena quindici anni. Fu una riforma fatta in fretta e furia, approvata per un pugno di voti negli ultimi giorni della legislatura. Oggi si sta agendo di nuovo nello stesso modo: facile prevedere che tra pochi anni occorrerà rimettere mano alla riforma in atto.

E imparare la lezione, rendendosi conto che la Costituzione va riscritta (laddove necessario) con cura?

Quanto agli enti locali, spicca l'eliminazione dal dettato costituzionale delle Province (che non verranno però abolite finché non sarà eventualmente abrogata la legislazione ordinaria che le prevede). Al posto delle Province emergono gli "enti di area vasta" (vale a dire enti sovracomunali, come lo erano le Province...). La c.d. legge Delrio (l. 56/2014) ha "anticipato" questo profilo della riforma costituzionale, trasformando le Province (e le Città metropolitane) in enti di secondo livello (cioè composti da membri scelti tra gli eletti nei Comuni) e riducendo le loro competenze.

Dovrebbe far riflettere la circostanza che la riforma, nel contempo, "abolisce" le Province, ma riconosce la necessità dell'esistenza di "enti di area vasta" che coordinino le funzioni cui i Comuni non riescono a far fronte da soli (date le loro generalmente modeste dimensioni). Il rischio è che al posto di una Provincia avre-

completamente rinnovata la disciplina sull'approvazione delle leggi regionali, eliminando ogni riferimento al commissario del governo; tuttavia, nell'articolo relativo agli Statuti regionali, ci si dimenticò di togliere il riferimento a tale organo (che, nel frattempo, di fatto non esisteva più). Ebbene, sembrerà incredibile, ma nemmeno il ddl Renzi-Boschi si è accorto che l'art. 123 Cost. continua a far riferimento a un organo oramai da tempo inesistente.

mo una pluralità di “enti di area vasta”, ciascuno dotato dei propri vertici decisionali e di una propria struttura amministrativa. Molto probabilmente, sarebbe stato più razionale accorpare le Province esistenti (eventualmente trasformandole in enti di secondo livello) e aumentarne le competenze, a scapito della miriade di enti sovracomunali monofunzionali oggi esistenti (ambiti ottimali rifiuti e idrici, bacini imbriferi, unioni di Comuni, consorzi di varia natura, società partecipate, ecc.).

3.7. *La democrazia diretta*

Il ricorso agli strumenti di democrazia diretta è in apparenza favorito dal ddl di revisione (nuovo art. 71 Cost.).

In realtà, però, quasi tutto è rinviato a eventuali successive leggi costituzionali: sia per introdurre i referendum propositivi e d’indirizzo, sia per obbligare il Parlamento a discutere le proposte di legge di iniziativa popolare.

È invece immediatamente operativo l’aumento delle firme che bisognerà raccogliere: triplicate, da 50mila a 150mila, per l’iniziativa popolare; aumentate da 500mila a 800mila per il referendum se si vuole che il *quorum* sia calcolato sulla metà più uno non degli aventi diritto, ma dei votanti alle ultime elezioni per la Camera.

3.8. *Il Cnel*

Il Consiglio nazionale dell’economia e del lavoro (Cnel) viene abolito.

Era un organo ampiamente screditato e, nei fatti, ben poco utile, ma non si può non rilevare come a venirne colpiti siano, ancora una volta, i corpi intermedi che dovrebbero fare da filtro, in chiave anti-populistica, tra i cittadini e i leader.

CONCLUSIONE

L'accoppiata *Italicum*-revisione costituzionale rende evidente come il vero obiettivo delle riforme sia lo spostamento dell'asse istituzionale a favore dell'esecutivo.

Ballottaggio, premio di maggioranza alla singola lista, soglie di accesso, voto bloccato sui capilista consegnano la Camera nelle mani del leader del partito vincente nella competizione elettorale, senza che sia necessario raggiungere una soglia minima di consensi. Se poi la Camera dovesse comunque essere riottosa, con il voto a data fissa il governo assume il controllo dell'agenda parlamentare, eventualmente anche a scapito delle competenze regionali (clausola di "supremazia"). Aggiungendo l'azzeramento della rappresentatività del Senato (e forse anche della sua funzionalità: come faranno sindaci e consiglieri regionali a svolgere realmente un doppio ruolo?) emerge una forma di governo incentrata su un uomo solo al comando. Vale a dire, non una democrazia, ma un'autarchia elettiva.

Lo stesso diritto di voto ne esce seriamente compromesso: i cittadini non eleggono più il Senato; nell'elezione della Camera la loro volontà viene distorta e ha scarsissimo peso nella selezione degli eletti; nelle Province al momento è abolito solo il Consiglio provinciale, vale a dire l'organo elettivo.

E non è vero che tutto ciò riguardi la sola Parte II della Costituzione. Come dimostra la riforma, nel 2012, dell'art. 81 Cost. sull'equilibrio di bilancio, le disposizioni della Parte II possono avere profondissima influenza sull'attuazione dei diritti e delle libertà sanciti dalla Parte I.

Alle preoccupazioni di merito se ne può aggiungere una di metodo. La Costituzione italiana nasce dalla capacità dei costituenti di individuare il minimo comune denominatore tra le diverse posizioni politiche a confronto. Nasce, cioè, da un compromesso e non dall'imposizione unilaterale di una visione di parte. Questa origine compromissoria è ciò che ha dato solidità alla Costituzione, perché l'ha resa frutto di una realtà socialmente radicata, e non di una artificiosa maggioranza elettorale socialmente inesistente.

La fragilità della nuova Costituzione che si vorrebbe venisse approvata è talmente evidente che lo stesso ex presidente della Repubblica Giorgio Napolitano (il vero "padre" della riforma, secondo la ministra Boschi e il premier Renzi) ha da ultimo riconosciuto che sarà necessario rimettervi presto le mani per sistemare le diverse cose che non vanno: "al di là dell'approvazione del disegno di legge costituzionale in discussione, bisognerà altresì dare attenzione a tutte le preoccupazioni espresse in queste settimane in materia di legislazione elettorale e di equilibri costituzionali" (dichiarazione di voto finale sul ddl di revisione costituzionale in Senato).

Ma come? Le Costituzioni non sono (più) documenti destinati a durare nel tempo? Una delle fondamentali caratteristiche delle Costituzioni contemporanee è la loro "rigidità", vale a dire la capacità di porsi come punto di riferimento sottratto alla contesa politica immediata. Proprio la collocazione della Costituzione al di fuori del contingente è ciò che rende possibile che il confronto tra le forze politiche non degeneri in scontro a tutto campo. Se tutto, anche la Costituzione, diventa oggetto di contesa continua, a venir messo a repentaglio è – al contrario di quel che sempre affermano i sostenitori della riforma – proprio quel residuo di stabilità istituzionale che ancora ci resta.

LA REVISIONE COSTITUZIONALE PROPOSTA DAL GOVERNO

Testo della Costituzione del 1948

Parte I – Diritti e doveri dei cittadini

Titolo IV – Rapporti politici

Art. 48

1. Sono elettori tutti i cittadini, uomini e donne, che hanno raggiunto la maggiore età.

2. Il voto è personale ed eguale, libero e segreto. Il suo esercizio è dovere civico.

3. La legge stabilisce requisiti e modalità per l'esercizio del diritto di voto dei cittadini residenti all'estero e ne assicura l'effettività. A tale fine è istituita una circoscrizione Estero per l'elezione delle Camere, alla quale sono assegnati seggi nel numero stabilito da norma costituzionale e secondo criteri determinati dalla legge.

4. Il diritto di voto non può essere limitato se non per incapacità civile o per effetto di sentenza penale irrevocabile o nei casi di indegnità morale indicati dalla legge.

Parte II – Ordinamento della Repubblica

Titolo I – Il Parlamento

Sezione I – Le Camere

Art. 55

1. Il Parlamento si compone della Camera dei deputati e del Senato della Repubblica.

2. Il Parlamento si riunisce in seduta comune dei membri delle due Camere nei soli casi stabiliti dalla Costituzione.

Testo della Costituzione secondo la legge costituzionale approvata dal Parlamento

Parte I – Diritti e doveri dei cittadini

Titolo IV – Rapporti politici

Art. 48

1. *Identico*

2. *Identico*

3. La legge stabilisce requisiti e modalità per l'esercizio del diritto di voto dei cittadini residenti all'estero e ne assicura l'effettività. A tale fine è istituita una circoscrizione Estero per l'elezione della Camera dei deputati, alla quale sono assegnati seggi nel numero stabilito da norma costituzionale e secondo criteri determinati dalla legge.

4. *Identico*

Parte II – Ordinamento della Repubblica

Titolo I – Il Parlamento

Sezione I – Le Camere

Art. 55

1. *Identico*

2. Le leggi che stabiliscono le modalità di elezione delle Camere promuovono l'equilibrio tra donne e uomini nella rappresentanza.

3. Ciascun membro della Camera dei deputati rappresenta la Nazione.

4. La Camera dei deputati è titolare del rapporto di fiducia con il Governo ed esercita la funzione di indirizzo politico, la funzione legislativa e quella di controllo dell'operato del Governo.

5. Il Senato della Repubblica rappresenta le istituzioni territoriali ed esercita funzioni di raccordo tra lo Stato e gli altri enti costitutivi della Repubblica. Concorre all'esercizio della funzione legislativa nei casi e secondo le modalità stabiliti dalla Costituzione, nonché all'esercizio delle funzioni di raccordo tra lo Stato, gli altri enti costitutivi della Repubblica e l'Unione europea. Partecipa alle

Art. 56

1. La Camera dei deputati è eletta a suffragio universale e diretto.

2. Il numero dei deputati è di seicentotrenta, dodici dei quali eletti nella circoscrizione Estero.

3. Sono eleggibili a deputati tutti gli elettori che nel giorno delle elezioni hanno compiuto i venticinque anni di età.

4. La ripartizione dei seggi tra le circoscrizioni, fatto salvo il numero dei seggi assegnati alla circoscrizione Estero, si effettua dividendo il numero degli abitanti della Repubblica, quale risulta dall'ultimo censimento generale della popolazione, per seicentodiciotto e distribuendo i seggi in proporzione alla popolazione di ogni circoscrizione, sulla base dei quozienti interi e dei più alti resti.

Art. 57

1. Il Senato della Repubblica è eletto a base regionale, salvi i seggi assegnati alla circoscrizione Estero.

2. Il numero dei senatori elettivi è di trecentoquindici, sei dei quali eletti nella circoscrizione Estero.

3. Nessuna Regione può avere un numero di senatori inferiore a sette; il Molise ne ha due, la Valle d'Aosta uno.

4. La ripartizione dei seggi tra le Regioni, fatto salvo il numero dei seggi assegnati alla circoscrizione Estero, previa applicazione delle disposizioni del precedente comma, si effettua in proporzione alla popolazione delle Regioni, quale risulta dall'ultimo censimento generale, sulla base dei quozienti interi e dei più alti resti.

decisioni dirette alla formazione e all'attuazione degli atti normativi e delle politiche dell'Unione europea. Valuta le politiche pubbliche e l'attività delle pubbliche amministrazioni e verifica l'impatto delle politiche dell'Unione europea sui territori. Concorre ad esprimere pareri sulle nomine di competenza del Governo nei casi previsti dalla legge e a verificare l'attuazione delle leggi dello Stato.

6. Il Parlamento si riunisce in seduta comune dei membri delle due Camere nei soli casi stabiliti dalla Costituzione.

Art. 56

Identico

Art. 57

1. Il Senato della Repubblica è composto da novantacinque senatori rappresentativi delle istituzioni territoriali e da cinque senatori che possono essere nominati dal Presidente della Repubblica.

2. I Consigli regionali e i Consigli delle Province autonome di Trento e di Bolzano eleggono, con metodo proporzionale, i senatori tra i propri componenti e, nella misura di uno per ciascuno, tra i sindaci dei Comuni dei rispettivi territori.

3. Nessuna Regione può avere un numero di senatori inferiore a due; ciascuna delle Province autonome di Trento e di Bolzano ne ha due.

4. La ripartizione dei seggi tra le Regioni si effettua, previa applicazione delle disposizioni del precedente comma, in proporzione alla loro popolazione, quale risulta dall'ultimo censimento generale, sulla base dei quozienti interi e dei più alti resti.

5. La durata del mandato dei senatori coincide con quella degli organi delle istituzioni territoriali dai quali sono stati eletti, in conformità alle scelte espresse dagli elettori per i candidati consiglieri in occasione del rinnovo dei medesimi organi, secondo le modalità stabilite dalla legge di cui al sesto comma.

Art. 58

1. I senatori sono eletti a suffragio universale e diretto dagli elettori che hanno superato il venticinquesimo anno di età.

2. Sono eleggibili a senatori gli elettori che hanno compiuto il quarantesimo anno.

Art. 59

1. È senatore di diritto e a vita, salvo rinunzia, chi è stato Presidente della Repubblica.

2. Il Presidente della Repubblica può nominare senatori a vita cinque cittadini che hanno illustrato la Patria per altissimi meriti nel campo sociale, scientifico, artistico e letterario.

Art. 60

1. La Camera dei deputati e il Senato della Repubblica sono eletti per cinque anni.

2. La durata di ciascuna Camera non può essere prorogata se non per legge e soltanto in caso di guerra.

Art. 61

1. Le elezioni delle nuove Camere hanno luogo entro settanta giorni dalla fine delle precedenti. La prima riunione ha luogo non oltre il ventesimo giorno dalle elezioni.

2. Finché non siano riunite le nuove Camere sono prorogati i poteri delle precedenti.

Art. 62

1. Le Camere si riuniscono di diritto il primo giorno non festivo di febbraio e di ottobre.

2. Ciascuna Camera può essere convocata in via straordinaria per iniziativa del suo Presidente o del Presidente della Repubblica o di un terzo dei suoi componenti.

3. Quando si riunisce in via straordinaria una Camera, è convocata di diritto anche l'altra.

6. Con legge approvata da entrambe le Camere sono regolate le modalità di attribuzione dei seggi e di elezione dei membri del Senato della Repubblica tra i consiglieri e i sindaci, nonché quelle per la loro sostituzione, in caso di cessazione dalla carica elettiva regionale o locale. I seggi sono attribuiti in ragione dei voti espressi e della composizione di ciascun Consiglio.

Art. 58

Abrogato

Art. 59

1. *Identico*

2. Il Presidente della Repubblica può nominare senatori cittadini che hanno illustrato la Patria per altissimi meriti nel campo sociale, scientifico, artistico e letterario. Tali senatori durano in carica sette anni e non possono essere nuovamente nominati.

Art. 60

1. La Camera dei deputati è eletta per cinque anni.

2. La durata della Camera dei deputati non può essere prorogata se non per legge e soltanto in caso di guerra.

Art. 61

1. L'elezione della nuova Camera dei deputati ha luogo entro settanta giorni dalla fine della precedente. La prima riunione ha luogo non oltre il ventesimo giorno dall'elezione.

2. Finché non sia riunita la nuova Camera dei deputati sono prorogati i poteri della precedente.

Art. 62

1. *Identico*

2. *Identico*

3. *Abrogato*

Art. 63

1. Ciascuna Camera elegge fra i suoi componenti il Presidente e l'Ufficio di presidenza.

2. Quando il Parlamento si riunisce in seduta comune, il Presidente e l'Ufficio di presidenza sono quelli della Camera dei deputati.

Art. 64

1. Ciascuna Camera adotta il proprio regolamento a maggioranza assoluta dei suoi componenti.

2. Le sedute sono pubbliche; tuttavia ciascuna delle due Camere e il Parlamento a Camere riunite possono deliberare di adunarsi in seduta segreta.

3. Le deliberazioni di ciascuna Camera e del Parlamento non sono valide se non è presente la maggioranza dei loro componenti, e se non sono adottate a maggioranza dei presenti, salvo che la Costituzione prescriva una maggioranza speciale.

4. I membri del Governo, anche se non fanno parte delle Camere, hanno diritto, e se richiesti obbligo, di assistere alle sedute. Devono essere sentiti ogni volta che lo richiedono.

Art. 65

1. La legge determina i casi di ineleggibilità e di incompatibilità con l'ufficio di deputato o di senatore.

2. Nessuno può appartenere contemporaneamente alle due Camere.

Art. 66

1. Ciascuna Camera giudica dei titoli di ammissione dei suoi componenti e delle cause sopraggiunte di ineleggibilità e di incompatibilità.

Art. 63

1. *Identico*

2. Il regolamento stabilisce in quali casi l'elezione o la nomina alle cariche negli organi del Senato della Repubblica possono essere limitate in ragione dell'esercizio di funzioni di governo regionali o locali.

3. Quando il Parlamento si riunisce in seduta comune, il Presidente e l'Ufficio di presidenza sono quelli della Camera dei deputati.

Art. 64

1. *Identico*

2. I regolamenti delle Camere garantiscono i diritti delle minoranze parlamentari. Il regolamento della Camera dei deputati disciplina lo statuto delle opposizioni.

3. Le sedute sono pubbliche; tuttavia ciascuna delle due Camere e il Parlamento a Camere riunite possono deliberare di adunarsi in seduta segreta.

4. Le deliberazioni di ciascuna Camera e del Parlamento non sono valide se non è presente la maggioranza dei loro componenti, e se non sono adottate a maggioranza dei presenti, salvo che la Costituzione prescriva una maggioranza speciale.

5. I membri del Governo hanno diritto, e se richiesti obbligo, di assistere alle sedute delle Camere. Devono essere sentiti ogni volta che lo richiedono.

6. I membri del Parlamento hanno il dovere di partecipare alle sedute dell'Assemblea e ai lavori delle Commissioni.

Art. 65

Identico

Art. 66

1. *Identico*

2. Il Senato della Repubblica prende atto della cessazione dalla carica elettiva regionale o locale e della conseguente decadenza da senatore.

Art. 67

1. Ogni membro del Parlamento rappresenta la Nazione ed esercita le sue funzioni senza vincolo di mandato.

Art. 68

1. I membri del Parlamento non possono essere chiamati a rispondere delle opinioni espresse e dei voti dati nell'esercizio delle loro funzioni.

2. Senza autorizzazione della Camera alla quale appartiene, nessun membro del Parlamento può essere sottoposto a perquisizione personale o domiciliare, né può essere arrestato o altrimenti privato della libertà personale, o mantenuto in detenzione, salvo che in esecuzione di una sentenza irrevocabile di condanna, ovvero se sia colto nell'atto di commettere un delitto per il quale è previsto l'arresto obbligatorio in flagranza.

3. Analoga autorizzazione è richiesta per sottoporre i membri del Parlamento ad intercettazioni, in qualsiasi forma, di conversazioni o comunicazioni e a sequestro di corrispondenza.

Art. 69

1. I membri del Parlamento ricevono una indennità stabilita dalla legge.

Sezione II – La formazione delle leggi

Art. 70

1. La funzione legislativa è esercitata collettivamente dalle due Camere.

Art. 67

1. I membri del Parlamento esercitano le loro funzioni senza vincolo di mandato.

Art. 68

Identico

Art. 69

1. I membri della Camera dei deputati ricevono una indennità stabilita dalla legge.

Sezione II – La formazione delle leggi

Art. 70

1. La funzione legislativa è esercitata collettivamente dalle due Camere per le leggi di revisione della Costituzione e le altre leggi costituzionali, e soltanto per le leggi di attuazione delle disposizioni costituzionali concernenti la tutela delle minoranze linguistiche, i referendum popolari, le altre forme di consultazione di cui all'articolo 71, per le leggi che determinano l'ordinamento, la legislazione elettorale, gli organi di governo, le funzioni fondamentali dei Comuni e delle Città metropolitane e le disposizioni di principio sulle forme associative dei Comuni, per la legge che stabilisce le norme generali, le forme e i termini della partecipazione dell'Italia alla formazione e all'attuazione della normativa e delle politiche dell'Unione europea, per quella che determina i casi di ineleggibilità e di incompatibilità con l'ufficio di senatore di cui all'articolo 65, primo comma, e per le leggi di cui agli articoli 57, sesto comma, 80, secondo periodo, 114, terzo comma, 116, terzo comma, 117, quinto e nono comma, 119, sesto comma, 120, secondo comma, 122, primo comma, e 132, secondo comma. Le stesse leggi, ciascuna con oggetto proprio, possono essere abrogate, modificate o derogate solo in forma espressa e da leggi approvate a norma del presente comma.

Art. 71

1. L'iniziativa delle leggi appartiene al Governo, a ciascun membro delle Camere ed agli organi ed enti ai quali sia conferita da legge costituzionale.

2. Il popolo esercita l'iniziativa delle leggi, mediante la proposta, da parte di almeno cinquantamila elettori, di un progetto redatto in articoli.

2. Le altre leggi sono approvate dalla Camera dei deputati.

3. Ogni disegno di legge approvato dalla Camera dei deputati è immediatamente trasmesso al Senato della Repubblica che, entro dieci giorni, su richiesta di un terzo dei suoi componenti, può disporre di esaminarlo. Nei trenta giorni successivi il Senato della Repubblica può deliberare proposte di modificazione del testo, sulle quali la Camera dei deputati si pronuncia in via definitiva. Qualora il Senato della Repubblica non disponga di procedere all'esame o sia inutilmente decorso il termine per deliberare, ovvero quando la Camera dei deputati si sia pronunciata in via definitiva, la legge può essere promulgata.

4. L'esame del Senato della Repubblica per le leggi che danno attuazione all'articolo 117, quarto comma, è disposto nel termine di dieci giorni dalla data di trasmissione. Per i medesimi disegni di legge, la Camera dei deputati può non conformarsi alle modificazioni proposte dal Senato della Repubblica a maggioranza assoluta dei suoi componenti, solo pronunciandosi nella votazione finale a maggioranza assoluta dei propri componenti.

5. I disegni di legge di cui all'articolo 81, quarto comma, approvati dalla Camera dei deputati, sono esaminati dal Senato della Repubblica, che può deliberare proposte di modificazione entro quindici giorni dalla data della trasmissione.

6. I Presidenti delle Camere decidono, d'intesa tra loro, le eventuali questioni di competenza, sollevate secondo le norme dei rispettivi regolamenti.

7. Il Senato della Repubblica può, secondo quanto previsto dal proprio regolamento, svolgere attività conoscitive, nonché formulare osservazioni su atti o documenti all'esame della Camera dei deputati.

Art. 71

1. *Identico*

2. Il Senato della Repubblica può, con deliberazione adottata a maggioranza assoluta dei suoi componenti, richiedere alla Camera dei deputati di procedere all'esame di un disegno di legge. In tal caso, la Camera dei deputati procede all'esame e si pronuncia entro il termine di sei mesi dalla data della deliberazione del Senato della Repubblica.

3. Il popolo esercita l'iniziativa delle leggi, mediante la proposta, da parte di almeno centocinquantamila elettori, di un progetto redatto in articoli. La discussione e la deliberazione conclusiva sulle proposte

Art. 72

1. Ogni disegno di legge, presentato ad una Camera è, secondo le norme del suo regolamento, esaminato da una Commissione e poi dalla Camera stessa, che l'approva articolo per articolo e con votazione finale.

2. Il regolamento stabilisce procedimenti abbreviati per i disegni di legge dei quali è dichiarata l'urgenza.

3. Può altresì stabilire in quali casi e forme l'esame e l'approvazione dei disegni di legge sono deferiti a Commissioni, anche permanenti, composte in modo da rispecchiare la proporzione dei gruppi parlamentari. Anche in tali casi, fino al momento della sua approvazione definitiva, il disegno di legge è rimesso alla Camera, se il Governo o un decimo dei componenti della Camera o un quinto della Commissione richiedono che sia discusso e votato dalla Camera stessa oppure che sia sottoposto alla sua approvazione finale con sole dichiarazioni di voto. Il regolamento determina le forme di pubblicità dei lavori delle Commissioni.

4. La procedura normale di esame e di approvazione diretta da parte della Camera è sempre adottata per i disegni di legge in materia costituzionale ed elettorale e per quelli di delegazione legislativa, di autorizzazione a ratificare trattati internazionali, di approvazione di bilanci e consuntivi.

di legge d'iniziativa popolare sono garantite nei tempi, nelle forme e nei limiti stabiliti dai regolamenti parlamentari.

4. Al fine di favorire la partecipazione dei cittadini alla determinazione delle politiche pubbliche, la legge costituzionale stabilisce condizioni ed effetti di referendum popolari propositivi e d'indirizzo, nonché di altre forme di consultazione, anche delle formazioni sociali. Con legge approvata da entrambe le Camere sono disposte le modalità di attuazione.

Art. 72

1. Ogni disegno di legge di cui all'articolo 70, primo comma, presentato ad una Camera, è, secondo le norme del suo regolamento, esaminato da una Commissione e poi dalla Camera stessa, che l'approva articolo per articolo e con votazione finale.

2. Ogni altro disegno di legge è presentato alla Camera dei deputati e, secondo le norme del suo regolamento, esaminato da una Commissione e poi dalla Camera stessa, che l'approva articolo per articolo e con votazione finale.

3. I regolamenti stabiliscono procedimenti abbreviati per i disegni di legge dei quali è dichiarata l'urgenza.

4. Possono altresì stabilire in quali casi e forme l'esame e l'approvazione dei disegni di legge sono deferiti a Commissioni, anche permanenti, che, alla Camera dei deputati, sono composte in modo da rispecchiare la proporzione dei gruppi parlamentari. Anche in tali casi, fino al momento della sua approvazione definitiva, il disegno di legge è rimesso alla Camera, se il Governo o un decimo dei componenti della Camera o un quinto della Commissione richiedono che sia discusso e votato dalla Camera stessa oppure che sia sottoposto alla sua approvazione finale con sole dichiarazioni di voto. I regolamenti determinano le forme di pubblicità dei lavori delle Commissioni.

5. La procedura normale di esame e di approvazione diretta da parte della Camera è sempre adottata per i disegni di legge in materia costituzionale ed elettorale, per quelli di delegazione legislativa, per

Art. 73

1. Le leggi sono promulgate dal Presidente della Repubblica entro un mese dalla approvazione.

2. Se le Camere, ciascuna a maggioranza assoluta dei propri componenti, ne dichiarano l'urgenza, la legge è promulgata nel termine da essa stabilito.

3. Le leggi sono pubblicate subito dopo la promulgazione ed entrano in vigore il quindicesimo giorno successivo alla loro pubblicazione, salvo che le leggi stesse stabiliscano un termine diverso.

quelli di conversione in legge di decreti, per quelli di autorizzazione a ratificare trattati internazionali e per quelli di approvazione di bilanci e consuntivi.

6. Il regolamento del Senato della Repubblica disciplina le modalità di esame dei disegni di legge trasmessi dalla Camera dei deputati ai sensi dell'articolo 70.

7. Esclusi i casi di cui all'articolo 70, primo comma, e, in ogni caso, le leggi in materia elettorale, le leggi di autorizzazione alla ratifica dei trattati internazionali e le leggi di cui agli articoli 79 e 81, sesto comma, il Governo può chiedere alla Camera dei deputati di deliberare, entro cinque giorni dalla richiesta, che un disegno di legge indicato come essenziale per l'attuazione del programma di governo sia iscritto con priorità all'ordine del giorno e sottoposto alla pronuncia in via definitiva della Camera dei deputati entro il termine di settanta giorni dalla deliberazione. In tali casi, i termini di cui all'articolo 70, terzo comma, sono ridotti della metà. Il termine può essere differito di non oltre quindici giorni, in relazione ai tempi di esame da parte della Commissione nonché alla complessità del disegno di legge. Il regolamento della Camera dei deputati stabilisce le modalità e i limiti del procedimento, anche con riferimento all'omogeneità del disegno di legge.

Art. 73

1. *Identico*

2. Le leggi che disciplinano l'elezione dei membri della Camera dei deputati e del Senato della Repubblica possono essere sottoposte, prima della loro promulgazione, al giudizio preventivo di legittimità costituzionale da parte della Corte costituzionale, su ricorso motivato presentato da almeno un quarto dei componenti della Camera dei deputati o da almeno un terzo dei componenti del Senato della Repubblica entro dieci giorni dall'approvazione della legge, prima dei quali la legge non può essere promulgata. La Corte costituzionale si pronuncia entro il termine di trenta giorni e, fino ad allora, resta sospeso il termine per la promulgazione della legge. In caso di dichiarazione di illegittimità costituzionale, la legge non può essere promulgata.

3. Se la Camera dei deputati, a maggioranza assoluta dei suoi componenti, ne dichiara l'urgenza, la legge è promulgata nel termine da essa stabilito.

4. Le leggi sono pubblicate subito dopo la promulgazione ed entrano in vigore il quindicesimo giorno successivo alla loro pubblicazione, salvo che le leggi stesse stabiliscano un termine diverso.

Art. 74

1. Il Presidente della Repubblica, prima di promulgare la legge, può con messaggio motivato alle Camere chiedere una nuova deliberazione.

2. Se le Camere approvano nuovamente la legge, questa deve essere promulgata.

Art. 75

1. È indetto referendum popolare per deliberare l'abrogazione, totale o parziale, di una legge o di un atto avente valore di legge, quando lo richiedono cinquecentomila elettori o cinque Consigli regionali.

2. Non è ammesso il referendum per le leggi tributarie e di bilancio, di amnistia e di indulto, di autorizzazione a ratificare trattati internazionali.

3. Hanno diritto di partecipare al referendum tutti i cittadini chiamati ad eleggere la Camera dei deputati.

4. La proposta soggetta a referendum è approvata se ha partecipato alla votazione la maggioranza degli aventi diritto, e se è raggiunta la maggioranza dei voti validamente espressi.

5. La legge determina le modalità di attuazione del referendum.

Art. 76

1. L'esercizio della funzione legislativa non può essere delegato al Governo se non con determinazione di princìpi e criteri direttivi e soltanto per tempo limitato e per oggetti definiti.

Art. 77

1. Il Governo non può, senza delegazione delle Camere, emanare decreti che abbiano valore di legge ordinaria.

2. Quando, in casi straordinari di necessità e di urgenza, il Governo adotta, sotto la sua responsabilità, provvedimenti provvisori con forza di legge, deve il giorno stesso presentarli per la conversione alle Camere che, anche se sciolte, sono appositamente convocate e si riuniscono entro cinque giorni.

Art. 74

1. *Identico*

2. Qualora la richiesta riguardi la legge di conversione di un decreto adottato a norma dell'articolo 77, il termine per la conversione in legge è differito di trenta giorni.

3. Se la legge è nuovamente approvata, questa deve essere promulgata.

Art. 75

1. È indetto referendum popolare per deliberare l'abrogazione, totale o parziale, di una legge o di un atto avente forza di legge, quando lo richiedono cinquecentomila elettori o cinque Consigli regionali.

2. *Identico*

3. Hanno diritto di partecipare al referendum tutti gli elettori.

4. La proposta soggetta a referendum è approvata se ha partecipato alla votazione la maggioranza degli aventi diritto o, se avanzata da ottocentomila elettori, la maggioranza dei votanti alle ultime elezioni della Camera dei deputati, e se è raggiunta la maggioranza dei voti validamente espressi.

5. *Identico*

Art. 76

Identico

Art. 77

1. Il Governo non può, senza delegazione disposta con legge, emanare decreti che abbiano valore di legge ordinaria.

2. Quando, in casi straordinari di necessità e di urgenza, il Governo adotta, sotto la sua responsabilità, provvedimenti provvisori con forza di legge, deve il giorno stesso presentarli per la conversione alla Camera dei deputati, anche quando la funzione legislativa è esercitata collettivamente dalle due Camere. La Camera dei deputati, anche se sciolta, è appositamente convocata e si riunisce entro cinque giorni.

3. I decreti perdono efficacia sin dall'inizio, se non sono convertiti in legge entro sessanta giorni dalla loro pubblicazione. Le Camere possono tuttavia regolare con legge i rapporti giuridici sorti sulla base dei decreti non convertiti.

Art. 78

1. Le Camere deliberano lo stato di guerra e conferiscono al Governo i poteri necessari.

Art. 79

1. L'amnistia e l'indulto sono concessi con legge deliberata a maggioranza dei due terzi dei componenti di ciascuna Camera, in ogni suo articolo e nella votazione finale.

2. La legge che concede l'amnistia o l'indulto stabilisce il termine per la loro applicazione.

3. In ogni caso l'amnistia e l'indulto non possono applicarsi ai reati commessi successivamente alla presentazione del disegno di legge.

3. I decreti perdono efficacia sin dall'inizio, se non sono convertiti in legge entro sessanta giorni dalla loro pubblicazione o, nei casi in cui il Presidente della Repubblica abbia chiesto, a norma dell'articolo 74, una nuova deliberazione, entro novanta giorni dalla loro pubblicazione. La legge può tuttavia regolare i rapporti giuridici sorti sulla base dei decreti non convertiti.

4. Il Governo non può, mediante provvedimenti provvisori con forza di legge: disciplinare le materie indicate nell'articolo 72, quinto comma, con esclusione, per la materia elettorale, della disciplina dell'organizzazione del procedimento elettorale e dello svolgimento delle elezioni; reiterare disposizioni adottate con decreti non convertiti in legge e regolare i rapporti giuridici sorti sulla base dei medesimi; ripristinare l'efficacia di norme di legge o di atti aventi forza di legge che la Corte costituzionale ha dichiarato illegittimi per vizi non attinenti al procedimento.

5. I decreti recano misure di immediata applicazione e di contenuto specifico, omogeneo e corrispondente al titolo.

6. L'esame, a norma dell'articolo 70, terzo e quarto comma, dei disegni di legge di conversione dei decreti è disposto dal Senato della Repubblica entro trenta giorni dalla loro presentazione alla Camera dei deputati. Le proposte di modificazione possono essere deliberate entro dieci giorni dalla data di trasmissione del disegno di legge di conversione, che deve avvenire non oltre quaranta giorni dalla presentazione.

7. Nel corso dell'esame dei disegni di legge di conversione dei decreti non possono essere approvate disposizioni estranee all'oggetto o alle finalità del decreto.

Art. 78

1. La Camera dei deputati delibera a maggioranza assoluta lo stato di guerra e conferisce al Governo i poteri necessari.

Art. 79

1. L'amnistia e l'indulto sono concessi con legge deliberata a maggioranza dei due terzi dei componenti della Camera dei deputati, in ogni suo articolo e nella votazione finale.

2. *Identico*

3. *Identico*

Art. 80

1. Le Camere autorizzano con legge la ratifica dei trattati internazionali che sono di natura politica, o prevedono arbitrati o regolamenti giudiziari, o importano variazioni del territorio od oneri alle finanze o modificazioni di leggi.

Art. 81

1. Lo Stato assicura l'equilibrio tra le entrate e le spese del proprio bilancio, tenendo conto delle fasi avverse e delle fasi favorevoli del ciclo economico.

2. Il ricorso all'indebitamento è consentito solo al fine di considerare gli effetti del ciclo economico e, previa autorizzazione delle Camere adottata a maggioranza assoluta dei rispettivi componenti, al verificarsi di eventi eccezionali.

3. Ogni legge che importi nuovi o maggiori oneri provvede ai mezzi per farvi fronte.

4. Le Camere ogni anno approvano con legge il bilancio e il rendiconto consuntivo presentati dal Governo.

5. L'esercizio provvisorio del bilancio non può essere concesso se non per legge e per periodi non superiori complessivamente a quattro mesi.

6. Il contenuto della legge di bilancio, le norme fondamentali e i criteri volti ad assicurare l'equilibrio tra le entrate e le spese dei bilanci e la sostenibilità del debito del complesso delle pubbliche amministrazioni sono stabiliti con legge approvata a maggioranza assoluta dei componenti di ciascuna Camera, nel rispetto dei princìpi definiti con legge costituzionale.

Art. 82

1. Ciascuna Camera può disporre inchieste su materie di pubblico interesse.

2. A tale scopo nomina fra i propri componenti una Commissione formata in modo da rispecchiare la proporzione dei vari gruppi. La Commissione d'inchiesta procede alle indagini e agli esami con gli stessi poteri e le stesse limitazioni dell'autorità giudiziaria.

Art. 80

1. La Camera dei deputati autorizza con legge la ratifica dei trattati internazionali che sono di natura politica, o prevedono arbitrati o regolamenti giudiziari, o importano variazioni del territorio od oneri alle finanze o modificazioni di leggi. Le leggi che autorizzano la ratifica dei trattati relativi all'appartenenza dell'Italia all'Unione europea sono approvate da entrambe le Camere.

Art. 81

1. *Identico*

2. Il ricorso all'indebitamento è consentito solo al fine di considerare gli effetti del ciclo economico e, previa autorizzazione della Camera dei deputati adottata a maggioranza assoluta dei suoi componenti, al verificarsi di eventi eccezionali.

3. *Identico*

4. La Camera dei deputati ogni anno approva con legge il bilancio e il rendiconto consuntivo presentati dal Governo.

5. *Identico*

6. Il contenuto della legge di bilancio, le norme fondamentali e i criteri volti ad assicurare l'equilibrio tra le entrate e le spese dei bilanci e la sostenibilità del debito del complesso delle pubbliche amministrazioni sono stabiliti con legge approvata a maggioranza assoluta dei componenti della Camera dei deputati, nel rispetto dei princìpi definiti con legge costituzionale.

Art. 82

1. La Camera dei deputati può disporre inchieste su materie di pubblico interesse. Il Senato della Repubblica può disporre inchieste su materie di pubblico interesse concernenti le autonomie territoriali.

2. A tale scopo ciascuna Camera nomina fra i propri componenti una Commissione. Alla Camera dei deputati la Commissione è formata in modo da rispecchiare la proporzione dei vari gruppi. La Commissione d'inchiesta procede alle indagini e agli esami con gli stessi poteri e le stesse limitazioni dell'autorità giudiziaria.

Titolo II – Il Presidente della Repubblica

Art. 83 1. Il Presidente della Repubblica è eletto dal Parlamento in seduta comune dei suoi membri. 2. All'elezione partecipano tre delegati per ogni Regione eletti dal Consiglio regionale in modo che sia assicurata la rappresentanza delle minoranze. La Valle d'Aosta ha un solo delegato. 3. L'elezione del Presidente della Repubblica ha luogo per scrutinio segreto a maggioranza di due terzi dell'assemblea. Dopo il terzo scrutinio è sufficiente la maggioranza assoluta.
Art. 84 1. Può essere eletto Presidente della Repubblica ogni cittadino che abbia compiuto cinquanta anni d'età e goda dei diritti civili e politici. 2. L'ufficio di Presidente della Repubblica è incompatibile con qualsiasi altra carica. 3. L'assegno e la dotazione del Presidente sono determinati per legge.
Art. 85 1. Il Presidente della Repubblica è eletto per sette anni. 2. Trenta giorni prima che scada il termine, il Presidente della Camera dei deputati convoca in seduta comune il Parlamento e i delegati regionali, per eleggere il nuovo Presidente della Repubblica. 3. Se le Camere sono sciolte, o manca meno di tre mesi alla loro cessazione, l'elezione ha luogo entro quindici giorni dalla riunione delle Camere nuove. Nel frattempo sono prorogati i poteri del Presidente in carica.
Art. 86 1. Le funzioni del Presidente della Repubblica, in ogni caso che egli non possa adempierle, sono esercitate dal Presidente del Senato. 2. In caso di impedimento permanente o di morte o di dimissioni del Presidente della Repubblica, il Presidente della Camera dei deputati indice la elezione del nuovo Presidente della Repubblica entro quindici giorni, salvo il maggior termine previsto se le Camere sono sciolte o manca meno di tre mesi alla loro cessazione.

Titolo II – Il Presidente della Repubblica

Art. 83

1. *Identico*

2. L'elezione del Presidente della Repubblica ha luogo per scrutinio segreto a maggioranza di due terzi dell'assemblea. Dal quarto scrutinio è sufficiente la maggioranza dei tre quinti dell'assemblea. Dal settimo scrutinio è sufficiente la maggioranza dei tre quinti dei votanti.

Art. 84

Identico

Art. 85

1. *Identico*

2. Trenta giorni prima che scada il termine, il Presidente della Camera dei deputati convoca in seduta comune il Parlamento, per eleggere il nuovo Presidente della Repubblica. Quando il Presidente della Camera esercita le funzioni del Presidente della Repubblica nel caso in cui questi non possa adempierle, il Presidente del Senato convoca e presiede il Parlamento in seduta comune.

3. Se la Camera dei deputati è sciolta, o manca meno di tre mesi alla sua cessazione, l'elezione ha luogo entro quindici giorni dalla riunione della Camera nuova. Nel frattempo sono prorogati i poteri del Presidente in carica.

Art. 86

1. Le funzioni del Presidente della Repubblica, in ogni caso che egli non possa adempierle, sono esercitate dal Presidente della Camera dei deputati.

2. In caso di impedimento permanente o di morte o di dimissioni del Presidente della Repubblica, il Presidente del Senato indice la elezione del nuovo Presidente della Repubblica entro quindici giorni, salvo il maggior termine previsto se la Camera dei deputati è sciolta o manca meno di tre mesi alla sua cessazione.

Art. 87

1. Il Presidente della Repubblica è il capo dello Stato e rappresenta l'unità nazionale.

2. Può inviare messaggi alle Camere.

3. Indice le elezioni delle nuove Camere e ne fissa la prima riunione.

4. Autorizza la presentazione alle Camere dei disegni di legge di iniziativa del Governo.

5. Promulga le leggi ed emana i decreti aventi valore di legge e i regolamenti.

6. Indice il referendum popolare nei casi previsti dalla Costituzione.

7. Nomina, nei casi indicati dalla legge, i funzionari dello Stato.

8. Accredita e riceve i rappresentanti diplomatici, ratifica i trattati internazionali, previa, quando occorra, l'autorizzazione delle Camere.

9. Ha il comando delle Forze armate, presiede il Consiglio supremo di difesa costituito secondo la legge, dichiara lo stato di guerra deliberato dalle Camere.

10. Presiede il Consiglio superiore della magistratura.

11. Può concedere grazia e commutare le pene.

12. Conferisce le onorificenze della Repubblica.

Art. 88

1. Il Presidente della Repubblica può, sentiti i loro Presidenti, sciogliere le Camere o anche una sola di esse.

2. Non può esercitare tale facoltà negli ultimi sei mesi del suo mandato, salvo che essi coincidano in tutto o in parte con gli ultimi sei mesi della legislatura.

Art. 89

1. Nessun atto del Presidente della Repubblica è valido se non è controfirmato dai ministri proponenti, che ne assumono la responsabilità.

2. Gli atti che hanno valore legislativo e gli altri indicati dalla legge sono controfirmati anche dal Presidente del Consiglio dei Ministri.

Art. 87

1. *Identico*

2. *Identico*

3. Indice le elezioni della nuova Camera dei deputati e ne fissa la prima riunione.

4. *Identico*

5. *Identico*

6. *Identico*

7. *Identico*

8. Accredita e riceve i rappresentanti diplomatici, ratifica i trattati internazionali, previa, quando occorra, l'autorizzazione della Camera dei deputati. Ratifica i trattati relativi all'appartenenza dell'Italia all'Unione europea, previa l'autorizzazione di entrambe le Camere.

9. Ha il comando delle Forze armate, presiede il Consiglio supremo di difesa costituito secondo la legge, dichiara lo stato di guerra deliberato dalla Camera dei deputati.

10. *Identico*

11. *Identico*

12. *Identico*

Art. 88

1. Il Presidente della Repubblica può, sentito il suo Presidente, sciogliere la Camera dei deputati.

2. *Identico*

Art. 89

Identico

Art. 90

1. Il Presidente della Repubblica non è responsabile degli atti compiuti nell'esercizio delle sue funzioni, tranne che per alto tradimento o per attentato alla Costituzione.

2. In tali casi è messo in stato di accusa dal Parlamento in seduta comune, a maggioranza assoluta dei suoi membri.

Art. 91

1. Il Presidente della Repubblica, prima di assumere le sue funzioni, presta giuramento di fedeltà alla Repubblica e di osservanza della Costituzione dinanzi al Parlamento in seduta comune.

Titolo III – Il governo

Sezione I – Il Consiglio dei Ministri

Art. 92

1. Il Governo della Repubblica è composto del Presidente del Consiglio e dei Ministri, che costituiscono insieme il Consiglio dei Ministri.

2. Il Presidente della Repubblica nomina il Presidente del Consiglio dei Ministri e, su proposta di questo, i Ministri.

Art. 93

1. Il Presidente del Consiglio dei Ministri e i Ministri, prima di assumere le funzioni, prestano giuramento nelle mani del Presidente della Repubblica.

Art. 94

1. Il Governo deve avere la fiducia delle due Camere.

2. Ciascuna Camera accorda o revoca la fiducia mediante mozione motivata e votata per appello nominale.

3. Entro dieci giorni dalla sua formazione il Governo si presenta alle Camere per ottenerne la fiducia.

4. Il voto contrario di una o d'entrambe le Camere su una proposta del Governo non importa obbligo di dimissioni.

5. La mozione di sfiducia deve essere firmata da almeno un decimo dei componenti della Camera e non può essere messa in discussione prima di tre giorni dalla sua presentazione.

Art. 95

1. Il Presidente del Consiglio dei Ministri dirige la politica generale del Governo e ne è responsabile. Mantiene l'unità di indirizzo politico ed amministrativo, promuovendo e coordinando la attività dei Ministri.

Art. 90
Identico

Art. 91
Identico

Titolo III – Il governo

Sezione I – Il Consiglio dei Ministri

Art. 92
Identico

Art. 93
Identico

Art. 94

1. Il Governo deve avere la fiducia della Camera dei deputati.

2. La fiducia è accordata o revocata mediante mozione motivata e votata per appello nominale.

3. Entro dieci giorni dalla sua formazione il Governo si presenta innanzi alla Camera dei deputati per ottenerne la fiducia.

4. Il voto contrario della Camera dei deputati su una proposta del Governo non importa obbligo di dimissioni.

5. La mozione di sfiducia deve essere firmata da almeno un decimo dei componenti della Camera dei deputati e non può essere messa in discussione prima di tre giorni dalla sua presentazione.

Art. 95
Identico

2. I Ministri sono responsabili collegialmente degli atti del Consiglio dei Ministri, e individualmente degli atti dei loro dicasteri.

3. La legge provvede all'ordinamento della Presidenza del Consiglio e determina il numero, le attribuzioni e l'organizzazione dei Ministeri.

Art. 96

1. Il Presidente del Consiglio dei Ministri ed i Ministri, anche se cessati dalla carica, sono sottoposti, per i reati commessi nell'esercizio delle loro funzioni, alla giurisdizione ordinaria, previa autorizzazione del Senato della Repubblica o della Camera dei deputati, secondo le norme stabilite con legge costituzionale.

Sezione II – La pubblica amministrazione

Art. 97

1. Le pubbliche amministrazioni, in coerenza con l'ordinamento dell'Unione europea, assicurano l'equilibrio dei bilanci e la sostenibilità del debito pubblico.

2. I pubblici uffici sono organizzati secondo disposizioni di legge, in modo che siano assicurati il buon andamento e l'imparzialità dell'amministrazione.

3. Nell'ordinamento degli uffici sono determinate le sfere di competenza, le attribuzioni e le responsabilità proprie dei funzionari.

4. Agli impieghi nelle pubbliche amministrazioni si accede mediante concorso, salvo i casi stabiliti dalla legge.

Art. 98

1. I pubblici impiegati sono al servizio esclusivo della Nazione.

2. Se sono membri del Parlamento, non possono conseguire promozioni se non per anzianità.

3. Si possono con legge stabilire limitazioni al diritto d'iscriversi ai partiti politici per i magistrati, i militari di carriera in servizio attivo, i funzionari ed agenti di polizia, i rappresentanti diplomatici e consolari all'estero.

Sezione III – Gli organi ausiliari

Art. 99

1. Il Consiglio nazionale dell'economia e del lavoro è composto, nei modi stabiliti dalla legge, di esperti e di rappresentanti delle categorie produttive, in misura che tenga conto della loro importanza numerica e qualitativa.

Art. 96

1. Il Presidente del Consiglio dei Ministri ed i Ministri, anche se cessati dalla carica, sono sottoposti, per i reati commessi nell'esercizio delle loro funzioni, alla giurisdizione ordinaria, previa autorizzazione della Camera dei deputati, secondo le norme stabilite con legge costituzionale.

Sezione II – La pubblica amministrazione

Art. 97

1. *Identico*

2. I pubblici uffici sono organizzati secondo disposizioni di legge, in modo che siano assicurati il buon andamento, l'imparzialità e la trasparenza dell'amministrazione.

3. *Identico*

4. *Identico*

Art. 98

Identico

Sezione III – Gli organi ausiliari

Art. 99

Abrogato

2. È organo di consulenza delle Camere e del Governo per le materie e secondo le funzioni che gli sono attribuite dalla legge.

3. Ha l'iniziativa legislativa e può contribuire alla elaborazione della legislazione economica e sociale secondo i princìpi ed entro i limiti stabiliti dalla legge.

Art. 100

1. Il Consiglio di Stato è organo di consulenza giuridico-amministrativa e di tutela della giustizia nell'amministrazione.

2. La Corte dei conti esercita il controllo preventivo di legittimità sugli atti del Governo, e anche quello successivo sulla gestione del bilancio dello Stato. Partecipa, nei casi e nelle forme stabilite dalla legge, al controllo sulla gestione finanziaria degli enti a cui lo Stato contribuisce in via ordinaria. Riferisce direttamente alle Camere sul risultato del riscontro eseguito.

3. La legge assicura l'indipendenza dei due Istituti e dei loro componenti di fronte al Governo.

Titolo IV –

Non è interessato dalla

Titolo V – Le Regioni, le Province, i Comuni

Art. 114

1. La Repubblica è costituita dai Comuni, dalle Province, dalle Città metropolitane, dalle Regioni e dallo Stato.

2. I Comuni, le Province, le Città metropolitane e le Regioni sono enti autonomi con propri statuti, poteri e funzioni secondo i princìpi fissati dalla Costituzione.

3. Roma è la capitale della Repubblica. La legge dello Stato disciplina il suo ordinamento.

Art. 115

Abrogato nel 2001

Art. 116

1. Il Friuli Venezia Giulia, la Sardegna, la Sicilia, il Trentino-Alto Adige/Südtirol e la Valle d'Aosta/Vallée d'Aoste dispongono di forme e condizioni particolari di autonomia, secondo i rispettivi statuti speciali adottati con legge costituzionale.

2. La Regione Trentino-Alto Adige/Südtirol è costituita dalle Province autonome di Trento e di Bolzano.

Art. 100

Identico

La Magistratura

revisione costituzionale

Titolo V – Le Regioni, le Città metropolitane, i Comuni

Art. 114

1. La Repubblica è costituita dai Comuni, dalle Città metropolitane, dalle Regioni e dallo Stato.

2. I Comuni, le Città metropolitane e le Regioni sono enti autonomi con propri statuti, poteri e funzioni secondo i princìpi fissati dalla Costituzione.

3. *Identico*

-

Art. 116

1. *Identico*

2. *Identico*

3. Ulteriori forme e condizioni particolari di autonomia, concernenti le materie di cui al terzo comma dell'articolo 117 e le materie indicate dal secondo comma del medesimo articolo alle lettere l), limitatamente all'organizzazione della giustizia di pace, n) e s), possono essere attribuite ad altre Regioni, con legge dello Stato, su iniziativa della Regione interessata, sentiti gli enti locali, nel rispetto dei princìpi di cui all'articolo 119. La legge è approvata dalle Camere a maggioranza assoluta dei componenti, sulla base di intesa fra lo Stato e la Regione interessata.

Art. 117

1. La potestà legislativa è esercitata dallo Stato e dalle Regioni nel rispetto della Costituzione, nonché dei vincoli derivanti dall'ordinamento comunitario e dagli obblighi internazionali.

2. Lo Stato ha legislazione esclusiva nelle seguenti materie: a) politica estera e rapporti internazionali dello Stato; rapporti dello Stato con l'Unione europea; diritto di asilo e condizione giuridica dei cittadini di Stati non appartenenti all'Unione europea; b) immigrazione; c) rapporti tra la Repubblica e le confessioni religiose; d) difesa e Forze armate; sicurezza dello Stato; armi, munizioni ed esplosivi; e) moneta, tutela del risparmio e mercati finanziari; tutela della concorrenza; sistema valutario; sistema tributario e contabile dello Stato; armonizzazione dei bilanci pubblici; perequazione delle risorse finanziarie; f) organi dello Stato e relative leggi elettorali; referendum statali; elezione del Parlamento europeo; g) ordinamento e organizzazione amministrativa dello Stato e degli enti pubblici nazionali; h) ordine pubblico e sicurezza, ad esclusione della polizia amministrativa locale; i) cittadinanza, stato civile e anagrafi; l) giurisdizione e norme processuali; ordinamento civile e penale; giustizia amministrativa; m) determinazione dei livelli essenziali delle prestazioni concernenti i diritti civili e sociali che devono essere garantiti su tutto il territorio nazionale; n) norme generali sull'istruzione; o) previdenza sociale; p) legislazione elettorale, organi di governo e funzioni fondamentali di Comuni, Province e Città metropolitane; q) dogane, protezione dei confini nazionali e profilassi internazionale; r) pesi, misure e determinazione del tempo; coordinamento informativo statistico e informatico dei dati dell'amministrazione statale, regionale e locale; opere dell'ingegno; s) tutela dell'ambiente, dell'ecosistema e dei beni culturali.

3. Ulteriori forme e condizioni particolari di autonomia, concernenti le materie di cui all'articolo 117, secondo comma, lettere l), limitatamente all'organizzazione della giustizia di pace, m) limitatamente alle disposizioni generali e comuni per le politiche sociali, n), o), limitatamente alle politiche attive del lavoro e all'istruzione e formazione professionale, q) limitatamente al commercio con l'estero; s) e u), limitatamente al governo del territorio, possono essere attribuite ad altre Regioni, con legge dello Stato, anche su richiesta delle stesse, sentiti gli enti locali, nel rispetto dei princìpi di cui all'articolo 119, purché la Regione sia in condizione di equilibrio tra le entrate e le spese del proprio bilancio. La legge è approvata da entrambe le Camere, sulla base di intesa tra lo Stato e la Regione interessata.

Art. 117

1. La potestà legislativa è esercitata dallo Stato e dalle Regioni nel rispetto della Costituzione, nonché dei vincoli derivanti dall'ordinamento dell'Unione europea e dagli obblighi internazionali.

2. Lo Stato ha legislazione esclusiva nelle seguenti materie: a) politica estera e rapporti internazionali dello Stato; rapporti dello Stato con l'Unione europea; diritto di asilo e condizione giuridica dei cittadini di Stati non appartenenti all'Unione europea; b) immigrazione; c) rapporti tra la Repubblica e le confessioni religiose; d) difesa e Forze armate; sicurezza dello Stato; armi, munizioni ed esplosivi; e) moneta, tutela del risparmio e mercati finanziari e assicurativi; tutela e promozione della concorrenza; sistema valutario; sistema tributario e contabile dello Stato; armonizzazione dei bilanci pubblici; coordinamento della finanza pubblica e del sistema tributario; perequazione delle risorse finanziarie; f) organi dello Stato e relative leggi elettorali; referendum statali; elezione del Parlamento europeo; g) ordinamento e organizzazione amministrativa dello Stato e degli enti pubblici nazionali; norme sul procedimento amministrativo e sulla disciplina giuridica del lavoro alle dipendenze delle amministrazioni pubbliche tese ad assicurarne l'uniformità sul territorio nazionale; h) ordine pubblico e sicurezza, ad esclusione della polizia amministrativa locale; i) cittadinanza, stato civile e anagrafi; l) giurisdizione e norme processuali; ordinamento civile e penale; giustizia amministrativa; m) determinazione dei livelli essenziali delle prestazioni concernenti i diritti civili e sociali che devono essere garantiti su tutto il territorio nazionale; disposizioni generali e comuni per la tutela della salute, per le politiche sociali e per la sicurezza alimentare; n) disposizioni generali e comuni sull'istruzione; ordinamento scolastico; istruzione universitaria e programmazione strategica della ricerca scientifica e

3. Sono materie di legislazione concorrente quelle relative a: rapporti internazionali e con l'Unione europea delle Regioni; commercio con l'estero; tutela e sicurezza del lavoro; istruzione, salva l'autonomia delle istituzioni scolastiche e con esclusione della istruzione e della formazione professionale; professioni; ricerca scientifica e tecnologica e sostegno all'innovazione per i settori produttivi; tutela della salute; alimentazione; ordinamento sportivo; protezione civile; governo del territorio; porti e aeroporti civili; grandi reti di trasporto e di navigazione; ordinamento della comunicazione; produzione, trasporto e distribuzione nazionale dell'energia; previdenza complementare e integrativa; coordinamento della finanza pubblica e del sistema tributario; valorizzazione dei beni culturali e ambientali e promozione e organizzazione di attività culturali; casse di risparmio, casse rurali, aziende di credito a carattere regionale; enti di credito fondiario e agrario a carattere regionale. Nelle materie di legislazione concorrente spetta alle Regioni la potestà legislativa, salvo che per la determinazione dei princìpi fondamentali, riservata alla legislazione dello Stato.

4. Spetta alle Regioni la potestà legislativa in riferimento ad ogni materia non espressamente riservata alla legislazione dello Stato.

tecnologica; o) previdenza sociale, ivi compresa la previdenza complementare e integrativa; tutela e sicurezza del lavoro; politiche attive del lavoro; disposizioni generali e comuni sull'istruzione e formazione professionale; p) ordinamento, legislazione elettorale, organi di governo e funzioni fondamentali di Comuni e Città metropolitane; disposizioni di principio sulle forme associative dei Comuni; q) dogane, protezione dei confini nazionali e profilassi internazionale; commercio con l'estero; r) pesi, misure e determinazione del tempo; coordinamento informativo statistico e informatico dei dati, dei processi e delle relative infrastrutture e piattaforme informatiche dell'amministrazione statale, regionale e locale; opere dell'ingegno; s) tutela e valorizzazione dei beni culturali e paesaggistici; ambiente ed ecosistema; ordinamento sportivo; disposizioni generali e comuni sulle attività culturali e sul turismo; t) ordinamento delle professioni e della comunicazione; u) disposizioni generali e comuni sul governo del territorio; sistema nazionale e coordinamento della protezione civile; v) produzione, trasporto e distribuzione nazionali dell'energia; z) infrastrutture strategiche e grandi reti di trasporto e di navigazione di interesse nazionale e relative norme di sicurezza; porti e aeroporti civili, di interesse nazionale e internazionale.

3. Spetta alle Regioni la potestà legislativa in materia di rappresentanza delle minoranze linguistiche, di pianificazione del territorio regionale e mobilità al suo interno, di dotazione infrastrutturale, di programmazione e organizzazione dei servizi sanitari e sociali, di promozione dello sviluppo economico locale e organizzazione in ambito regionale dei servizi alle imprese e della formazione professionale; salva l'autonomia delle istituzioni scolastiche, in materia di servizi scolastici, di promozione del diritto allo studio, anche universitario; in materia di disciplina, per quanto di interesse regionale, delle attività culturali, della promozione dei beni ambientali, culturali e paesaggistici, di valorizzazione e organizzazione regionale del turismo, di regolazione, sulla base di apposite intese concluse in ambito regionale, delle relazioni finanziarie tra gli enti territoriali della Regione per il rispetto degli obiettivi programmatici regionali e locali di finanza pubblica, nonché in ogni materia non espressamente riservata alla competenza esclusiva dello Stato.

4. Su proposta del Governo, la legge dello Stato può intervenire in materie non riservate alla legislazione esclusiva quando lo richieda la tutela dell'unità giuridica o economica della Repubblica, ovvero la tutela dell'interesse nazionale.

5. Le Regioni e le Province autonome di Trento e di Bolzano, nelle materie di loro competenza, partecipano alle decisioni dirette alla formazione degli atti normativi comunitari e provvedono all'attuazione e all'esecuzione degli accordi internazionali e degli atti dell'Unione europea, nel rispetto delle norme di procedura stabilite da legge dello Stato, che disciplina le modalità di esercizio del potere sostitutivo in caso di inadempienza.

6. La potestà regolamentare spetta allo Stato nelle materie di legislazione esclusiva, salva delega alle Regioni. La potestà regolamentare spetta alle Regioni in ogni altra materia. I Comuni, le Province e le Città metropolitane hanno potestà regolamentare in ordine alla disciplina dell'organizzazione e dello svolgimento delle funzioni loro attribuite.

7. Le leggi regionali rimuovono ogni ostacolo che impedisce la piena parità degli uomini e delle donne nella vita sociale, culturale ed economica e promuovono la parità di accesso tra donne e uomini alle cariche elettive.

8. La legge regionale ratifica le intese della Regione con altre Regioni per il migliore esercizio delle proprie funzioni, anche con individuazione di organi comuni.

9. Nelle materie di sua competenza la Regione può concludere accordi con Stati e intese con enti territoriali interni ad altro Stato, nei casi e con le forme disciplinati da leggi dello Stato.

Art. 118

1. Le funzioni amministrative sono attribuite ai Comuni salvo che, per assicurarne l'esercizio unitario, siano conferite a Province, Città metropolitane, Regioni e Stato, sulla base dei princìpi di sussidiarietà, differenziazione ed adeguatezza.

2. I Comuni, le Province e le Città metropolitane sono titolari di funzioni amministrative proprie e di quelle conferite con legge statale o regionale, secondo le rispettive competenze.

3. La legge statale disciplina forme di coordinamento fra Stato e Regioni nelle materie di cui alle lettere b) e h) del secondo comma dell'articolo 117, e disciplina inoltre forme di intesa e coordinamento nella materia della tutela dei beni culturali.

4. Stato, Regioni, Città metropolitane, Province e Comuni favoriscono l'autonoma iniziativa dei cittadini, singoli e associati, per lo svolgimento di attività di interesse generale, sulla base del principio di sussidiarietà.

5. Le Regioni e le Province autonome di Trento e di Bolzano, nelle materie di loro competenza, partecipano alle decisioni dirette alla formazione degli atti normativi dell'Unione europea e provvedono all'attuazione e all'esecuzione degli accordi internazionali e degli atti dell'Unione europea, nel rispetto delle norme di procedura stabilite con legge dello Stato, che disciplina le modalità di esercizio del potere sostitutivo in caso di inadempienza.

6. La potestà regolamentare spetta allo Stato e alle Regioni secondo le rispettive competenze legislative. È fatta salva la facoltà dello Stato di delegare alle Regioni l'esercizio di tale potestà nelle materie di competenza legislativa esclusiva. I Comuni e le Città metropolitane hanno potestà regolamentare in ordine alla disciplina dell'organizzazione e dello svolgimento delle funzioni loro attribuite, nel rispetto della legge statale o regionale.

7. *Identico*

8. *Identico*

9. *Identico*

Art. 118

1. Le funzioni amministrative sono attribuite ai Comuni salvo che, per assicurarne l'esercizio unitario, siano conferite a Città metropolitane, Regioni e Stato, sulla base dei princìpi di sussidiarietà, differenziazione ed adeguatezza.

2. Le funzioni amministrative sono esercitate in modo da assicurare la semplificazione e la trasparenza dell'azione amministrativa, secondo criteri di efficienza e di responsabilità degli amministratori.

3. I Comuni e le Città metropolitane sono titolari di funzioni amministrative proprie e di quelle conferite con legge statale o regionale, secondo le rispettive competenze.

4. La legge statale disciplina forme di coordinamento fra Stato e Regioni nelle materie di cui alle lettere b) e h) del secondo comma dell'articolo 117, e disciplina inoltre forme di intesa e coordinamento in materia di tutela dei beni culturali e paesaggistici.

Art. 119

1. I Comuni, le Province, le Città metropolitane e le Regioni hanno autonomia finanziaria di entrata e di spesa, nel rispetto dell'equilibrio dei relativi bilanci, e concorrono ad assicurare l'osservanza dei vincoli economici e finanziari derivanti dall'ordinamento dell'Unione europea.

2. I Comuni, le Province, le Città metropolitane e le Regioni hanno risorse autonome. Stabiliscono e applicano tributi ed entrate propri, in armonia con la Costituzione e secondo i princìpi di coordinamento della finanza pubblica e del sistema tributario. Dispongono di compartecipazioni al gettito di tributi erariali riferibile al loro territorio.

3. La legge dello Stato istituisce un fondo perequativo, senza vincoli di destinazione, per i territori con minore capacità fiscale per abitante.

4. Le risorse derivanti dalle fonti di cui ai commi precedenti consentono ai Comuni, alle Province, alle Città metropolitane e alle Regioni di finanziare integralmente le funzioni pubbliche loro attribuite.

5. Per promuovere lo sviluppo economico, la coesione e la solidarietà sociale, per rimuovere gli squilibri economici e sociali, per favorire l'effettivo esercizio dei diritti della persona, o per provvedere a scopi diversi dal normale esercizio delle loro funzioni, lo Stato destina risorse aggiuntive ed effettua interventi speciali in favore di determinati Comuni, Province, Città metropolitane e Regioni.

6. I Comuni, le Province, le Città metropolitane e le Regioni hanno un proprio patrimonio, attribuito secondo i princìpi generali determinati dalla legge dello Stato. Possono ricorrere all'indebitamento solo per finanziare spese di investimento, con la contestuale definizione di piani di ammortamento e a condizione che per il complesso degli enti di ciascuna Regione sia rispettato l'equilibrio di bilancio. È esclusa ogni garanzia dello Stato sui prestiti dagli stessi contratti.

5. Stato, Regioni, Città metropolitane e Comuni favoriscono l'autonoma iniziativa dei cittadini, singoli e associati, per lo svolgimento di attività di interesse generale, sulla base del principio di sussidiarietà.

Art. 119

1. I Comuni, le Città metropolitane e le Regioni hanno autonomia finanziaria di entrata e di spesa, nel rispetto dell'equilibrio dei relativi bilanci, e concorrono ad assicurare l'osservanza dei vincoli economici e finanziari derivanti dall'ordinamento dell'Unione europea.

2. I Comuni, le Città metropolitane e le Regioni hanno risorse autonome. Stabiliscono e applicano tributi ed entrate propri e dispongono di compartecipazioni al gettito di tributi erariali riferibile al loro territorio, in armonia con la Costituzione e secondo quanto disposto dalla legge dello Stato ai fini del coordinamento della finanza pubblica e del sistema tributario.

3. *Identico*

4. Le risorse derivanti dalle fonti di cui ai commi precedenti assicurano il finanziamento integrale delle funzioni pubbliche dei Comuni, delle Città metropolitane e delle Regioni. Con legge dello Stato sono definiti indicatori di riferimento di costo e di fabbisogno che promuovono condizioni di efficienza nell'esercizio delle medesime funzioni.

5. Per promuovere lo sviluppo economico, la coesione e la solidarietà sociale, per rimuovere gli squilibri economici e sociali, per favorire l'effettivo esercizio dei diritti della persona, o per provvedere a scopi diversi dal normale esercizio delle loro funzioni, lo Stato destina risorse aggiuntive ed effettua interventi speciali in favore di determinati Comuni, Città metropolitane e Regioni.

6. I Comuni, le Città metropolitane e le Regioni hanno un proprio patrimonio, attribuito secondo i princìpi generali determinati dalla legge dello Stato. Possono ricorrere all'indebitamento solo per finanziare spese di investimento, con la contestuale definizione di piani di ammortamento e a condizione che per il complesso degli enti di ciascuna Regione sia rispettato l'equilibrio di bilancio. È esclusa ogni garanzia dello Stato sui prestiti dagli stessi contratti.

Art. 120

1. La Regione non può istituire dazi di importazione o esportazione o transito tra le Regioni, né adottare provvedimenti che ostacolino in qualsiasi modo la libera circolazione delle persone e delle cose tra le Regioni, né limitare l'esercizio del diritto al lavoro in qualunque parte del territorio nazionale.

2. Il Governo può sostituirsi a organi delle Regioni, delle Città metropolitane, delle Province e dei Comuni nel caso di mancato rispetto di norme e trattati internazionali o della normativa comunitaria oppure di pericolo grave per l'incolumità e la sicurezza pubblica, ovvero quando lo richiedono la tutela dell'unità giuridica o dell'unità economica e in particolare la tutela dei livelli essenziali delle prestazioni concernenti i diritti civili e sociali, prescindendo dai confini territoriali dei governi locali. La legge definisce le procedure atte a garantire che i poteri sostitutivi siano esercitati nel rispetto del principio di sussidiarietà e del principio di leale collaborazione.

Art. 121

1. Sono organi della Regione: il Consiglio regionale, la Giunta e il suo Presidente.

2. Il Consiglio regionale esercita le potestà legislative attribuite alla Regione e le altre funzioni conferitegli dalla Costituzione e dalle leggi. Può fare proposte di legge alle Camere.

3. La Giunta regionale è l'organo esecutivo delle Regioni.

4. Il Presidente della Giunta rappresenta la Regione; dirige la politica della Giunta e ne è responsabile; promulga le leggi ed emana i regolamenti regionali; dirige le funzioni amministrative delegate dallo Stato alla Regione, conformandosi alle istruzioni del Governo della Repubblica.

Art. 122

1. Il sistema d'elezione e i casi di ineleggibilità e di incompatibilità del Presidente e degli altri componenti della Giunta regionale nonché dei consiglieri regionali sono disciplinati con legge della Regione nei limiti dei princìpi fondamentali stabiliti con legge della Repubblica, che stabilisce anche la durata degli organi elettivi.

Art. 120

1. *Identico*

2. Il Governo, acquisito, salvi i casi di motivata urgenza, il parere del Senato della Repubblica, che deve essere reso entro quindici giorni dalla richiesta, può sostituirsi a organi delle Regioni, delle Città metropolitane, delle Province autonome di Trento e di Bolzano e dei Comuni nel caso di mancato rispetto di norme e trattati internazionali o della normativa comunitaria oppure di pericolo grave per l'incolumità e la sicurezza pubblica, ovvero quando lo richiedono la tutela dell'unità giuridica o dell'unità economica e in particolare la tutela dei livelli essenziali delle prestazioni concernenti i diritti civili e sociali, prescindendo dai confini territoriali dei governi locali. La legge definisce le procedure atte a garantire che i poteri sostitutivi siano esercitati nel rispetto del principio di sussidiarietà e del principio di leale collaborazione e stabilisce i casi di esclusione dei titolari di organi di governo regionali e locali dall'esercizio delle rispettive funzioni quando è stato accertato lo stato di grave dissesto finanziario dell'ente.

Art. 121

1. *Identico*

2. Il Consiglio regionale esercita le potestà legislative attribuite alla Regione e le altre funzioni conferitegli dalla Costituzione e dalle leggi. Può fare proposte di legge alla Camera dei deputati.

3. *Identico*

4. *Identico*

Art. 122

1. Il sistema d'elezione e i casi di ineleggibilità e di incompatibilità del Presidente e degli altri componenti della Giunta regionale nonché dei consiglieri regionali sono disciplinati con legge della Regione nei limiti dei princìpi fondamentali stabiliti con legge della Repubblica, che stabilisce anche la durata degli organi elettivi e i relativi emolu-

2. Nessuno può appartenere contemporaneamente a un Consiglio o a una Giunta regionale e ad una delle Camere del Parlamento, ad un altro Consiglio o ad altra Giunta regionale, ovvero al Parlamento europeo.

3. Il Consiglio elegge tra i suoi componenti un Presidente e un ufficio di presidenza.

4. I consiglieri regionali non possono essere chiamati a rispondere delle opinioni espresse e dei voti dati nell'esercizio delle loro funzioni.

5. Il Presidente della Giunta regionale, salvo che lo statuto regionale disponga diversamente, è eletto a suffragio universale e diretto. Il Presidente eletto nomina e revoca i componenti della Giunta.

Art. 123

1. Ciascuna Regione ha uno statuto che, in armonia con la Costituzione, ne determina la forma di governo e i princìpi fondamentali di organizzazione e funzionamento. Lo statuto regola l'esercizio del diritto di iniziativa e del referendum su leggi e provvedimenti amministrativi della Regione e la pubblicazione delle leggi e dei regolamenti regionali.

2. Lo statuto è approvato e modificato dal Consiglio regionale con legge approvata a maggioranza assoluta dei suoi componenti, con due deliberazioni successive adottate ad intervallo non minore di due mesi. Per tale legge non è richiesta l'apposizione del visto da parte del Commissario del Governo. Il Governo della Repubblica può promuovere la questione di legittimità costituzionale sugli statuti regionali dinanzi alla Corte costituzionale entro trenta giorni dalla loro pubblicazione.

3. Lo statuto è sottoposto a referendum popolare qualora entro tre mesi dalla sua pubblicazione ne faccia richiesta un cinquantesimo degli elettori della Regione o un quinto dei componenti il Consiglio regionale. Lo statuto sottoposto a referendum non è promulgato se non è approvato dalla maggioranza dei voti validi.

4. In ogni Regione, lo statuto disciplina il Consiglio delle autonomie locali, quale organo di consultazione fra la Regione e gli enti locali.

menti nel limite dell'importo di quelli attribuiti ai sindaci dei Comuni capoluogo di Regione. La legge della Repubblica stabilisce altresì i princìpi fondamentali per promuovere l'equilibrio tra donne e uomini nella rappresentanza.

2. Nessuno può appartenere contemporaneamente a un Consiglio o a una Giunta regionale e alla Camera dei deputati, ad un altro Consiglio o ad altra Giunta regionale, ovvero al Parlamento europeo.

3. *Identico*

4. *Identico*

5. *Identico*

Art. 123
Identico

Art. 124

Abrogato nel 2001

Art. 125

1. Nella Regione sono istituiti organi di giustizia amministrativa di primo grado, secondo l'ordinamento stabilito da legge della Repubblica. Possono istituirsi sezioni con sede diversa dal capoluogo della Regione.

Art. 126

1. Con decreto motivato del Presidente della Repubblica sono disposti lo scioglimento del Consiglio regionale e la rimozione del Presidente della Giunta che abbiano compiuto atti contrari alla Costituzione o gravi violazioni di legge. Lo scioglimento e la rimozione possono altresì essere disposti per ragioni di sicurezza nazionale. Il decreto è adottato sentita una Commissione di deputati e senatori costituita, per le questioni regionali, nei modi stabiliti con legge della Repubblica.

2. Il Consiglio regionale può esprimere la sfiducia nei confronti del Presidente della Giunta mediante mozione motivata, sottoscritta da almeno un quinto dei suoi componenti e approvata per appello nominale a maggioranza assoluta dei componenti. La mozione non può essere messa in discussione prima di tre giorni dalla presentazione.

3. L'approvazione della mozione di sfiducia nei confronti del Presidente della Giunta eletto a suffragio universale e diretto, nonché la rimozione, l'impedimento permanente, la morte o le dimissioni volontarie dello stesso comportano le dimissioni della Giunta e lo scioglimento del Consiglio. In ogni caso i medesimi effetti conseguono alle dimissioni contestuali della maggioranza dei componenti il Consiglio.

Art. 127

1. Il Governo, quando ritenga che una legge regionale ecceda la competenza della Regione, può promuovere la questione di legittimità costituzionale dinanzi alla Corte costituzionale entro sessanta giorni dalla sua pubblicazione.

2. La Regione, quando ritenga che una legge o un atto avente valore di legge dello Stato o di un'altra Regione leda la sua sfera di competenza, può promuovere la questione di legittimità costituzionale dinanzi alla Corte costituzionale entro sessanta giorni dalla pubblicazione della legge o dell'atto avente valore di legge.

-

Art. 125

Identico

Art. 126

1. Con decreto motivato del Presidente della Repubblica sono disposti lo scioglimento del Consiglio regionale e la rimozione del Presidente della Giunta che abbiano compiuto atti contrari alla Costituzione o gravi violazioni di legge. Lo scioglimento e la rimozione possono altresì essere disposti per ragioni di sicurezza nazionale. Il decreto è adottato previo parere del Senato della Repubblica.

2. *Identico*

3. *Identico*

Art. 127

Identico

Art. 128

Abrogato nel 2001

Art. 129

Abrogato nel 2001

Art. 130

Abrogato nel 2001

Art. 131

1. Sono costituite le seguenti Regioni: Piemonte; Valle d'Aosta; Lombardia; Trentino-Alto Adige; Veneto; Friuli-Venezia Giulia; Liguria; Emilia-Romagna; Toscana; Umbria; Marche; Lazio; Abruzzi; Molise; Campania; Puglia; Basilicata; Calabria; Sicilia; Sardegna.

Art. 132

1. Si può con legge costituzionale, sentiti i Consigli regionali, disporre la fusione di Regioni esistenti o la creazione di nuove Regioni con un minimo di un milione d'abitanti, quando ne facciano richiesta tanti Consigli comunali che rappresentino almeno un terzo delle popolazioni interessate, e la proposta sia approvata con referendum dalla maggioranza delle popolazioni stesse.

2. Si può, con l'approvazione della maggioranza delle popolazioni della Provincia o delle Province interessate e del Comune o dei Comuni interessati espressa mediante referendum e con legge della Repubblica, sentiti i Consigli regionali, consentire che Province e Comuni, che ne facciano richiesta, siano staccati da una Regione ed aggregati ad un'altra.

Art. 133

1. Il mutamento delle circoscrizioni provinciali e la istituzione di nuove Province nell'àmbito d'una Regione sono stabiliti con leggi della Repubblica, su iniziativa dei Comuni, sentita la stessa Regione.

2. La Regione, sentite le popolazioni interessate, può con sue leggi istituire nel proprio territorio nuovi Comuni e modificare le loro circoscrizioni e denominazioni.

-
-
-
Art. 131 *Identico*
Art. 132 1. *Identico* 2. Si può, con l'approvazione della maggioranza delle popolazioni del Comune o dei Comuni interessati espressa mediante referendum e con legge della Repubblica, sentiti i Consigli regionali, consentire che i Comuni, che ne facciano richiesta, siano staccati da una Regione ed aggregati ad un'altra.
Art. 133 1. *Abrogato* 2. *Identico*

Titolo VI – Garanzie costituzionali

Sezione I – La Corte costituzionale

Art. 134

1. La Corte costituzionale giudica:

– sulle controversie relative alla legittimità costituzionale delle leggi e degli atti, aventi forza di legge, dello Stato e delle Regioni;

– sui conflitti di attribuzione tra i poteri dello Stato e su quelli tra lo Stato e le Regioni, e tra le Regioni;

– sulle accuse promosse contro il Presidente della Repubblica, a norma della Costituzione.

Art. 135

1. La Corte costituzionale è composta di quindici giudici nominati per un terzo dal Presidente della Repubblica, per un terzo dal Parlamento in seduta comune e per un terzo dalle supreme magistrature ordinaria ed amministrative.

2. I giudici della Corte costituzionale sono scelti fra i magistrati anche a riposo delle giurisdizioni superiori ordinaria ed amministrative, i professori ordinari di università in materie giuridiche e gli avvocati dopo venti anni di esercizio.

3. I giudici della Corte costituzionale sono nominati per nove anni, decorrenti per ciascuno di essi dal giorno del giuramento, e non possono essere nuovamente nominati.

4. Alla scadenza del termine il giudice costituzionale cessa dalla carica e dall'esercizio delle funzioni.

5. La Corte elegge tra i suoi componenti, secondo le norme stabilite dalla legge, il Presidente, che rimane in carica per un triennio, ed è rieleggibile, fermi in ogni caso i termini di scadenza dall'ufficio di giudice.

6. L'ufficio di giudice della Corte è incompatibile con quello di membro del Parlamento, di un Consiglio regionale, con l'esercizio della professione di avvocato e con ogni carica ed ufficio indicati dalla legge.

Titolo VI – Garanzie costituzionali

Sezione I – La Corte costituzionale

Art. 134

1. *Identico*

2. La Corte costituzionale giudica altresì della legittimità costituzionale delle leggi che disciplinano l'elezione dei membri della Camera dei deputati e del Senato della Repubblica ai sensi dell'articolo 73, secondo comma.

Art. 135

1. La Corte costituzionale è composta da quindici giudici, dei quali un terzo nominati dal Presidente della Repubblica, un terzo dalle supreme magistrature ordinaria ed amministrative, tre dalla Camera dei deputati e due dal Senato della Repubblica.

2. *Identico*

3. *Identico*

4. *Identico*

5. *Identico*

6. *Identico*

7. Nei giudizi d'accusa contro il Presidente della Repubblica intervengono, oltre i giudici ordinari della Corte, sedici membri tratti a sorte da un elenco di cittadini aventi i requisiti per l'eleggibilità a senatore, che il Parlamento compila ogni nove anni mediante elezione con le stesse modalità stabilite per la nomina dei giudici ordinari.

Art. 136

1. Quando la Corte dichiara l'illegittimità costituzionale di una norma di legge o di atto avente forza di legge, la norma cessa di avere efficacia dal giorno successivo alla pubblicazione della decisione.

2. La decisione della Corte è pubblicata e comunicata alle Camere ed ai Consigli regionali interessati, affinché, ove lo ritengano necessario, provvedano nelle forme costituzionali.

Art. 137

1. Una legge costituzionale stabilisce le condizioni, le forme, i termini di proponibilità dei giudizi di legittimità costituzionale, e le garanzie di indipendenza dei giudici della Corte.

2. Con legge ordinaria sono stabilite le altre norme necessarie per la costituzione e il funzionamento della Corte.

3. Contro le decisioni della Corte costituzionale non è ammessa alcuna impugnazione.

Sezione II – Revisione della Costituzione. Leggi costituzionali

Art. 138

1. Le leggi di revisione della Costituzione e le altre leggi costituzionali sono adottate da ciascuna Camera con due successive deliberazioni ad intervallo non minore di tre mesi, e sono approvate a maggioranza assoluta dei componenti di ciascuna Camera nella seconda votazione.

2. Le leggi stesse sono sottoposte a referendum popolare quando, entro tre mesi dalla loro pubblicazione, ne facciano domanda un quinto dei membri di una Camera o cinquecentomila elettori o cinque Consigli regionali. La legge sottoposta a referendum non è promulgata se non è approvata dalla maggioranza dei voti validi.

3. Non si fa luogo a referendum se la legge è stata approvata nella seconda votazione da ciascuna delle Camere a maggioranza di due terzi dei suoi componenti.

Art. 139

1. La forma repubblicana non può essere oggetto di revisione costituzionale.

7. Nei giudizi d'accusa contro il Presidente della Repubblica intervengono, oltre i giudici ordinari della Corte, sedici membri tratti a sorte da un elenco di cittadini aventi i requisiti per l'eleggibilità a deputato, che il Parlamento compila ogni nove anni mediante elezione con le stesse modalità stabilite per la nomina dei giudici ordinari.

Art. 136

Identico

Art. 137

Identico

Sezione II – Revisione della Costituzione. Leggi costituzionali

Art. 138

Identico

Art. 139

Identico

Disposizioni transitorie

1. In sede di prima applicazione e sino alla data di entrata in vigore della legge di cui all'articolo 57, sesto comma, della Costituzione, come modificato dall'articolo 2 della presente legge costituzionale, per l'elezione del Senato della Repubblica, nei Consigli regionali e della Provincia autonoma di Trento, ogni consigliere può votare per una sola lista di candidati, formata da consiglieri e da sindaci dei rispettivi territori. Al fine dell'assegnazione dei seggi a ciascuna lista di candidati si divide il numero dei voti espressi per il numero dei seggi attribuiti e si ottiene il quoziente elettorale. Si divide poi per tale quoziente il numero dei voti espressi in favore di ciascuna lista di candidati. I seggi sono assegnati a ciascuna lista di candidati in numero pari ai quozienti interi ottenuti, secondo l'ordine di presentazione nella lista dei candidati medesimi, e i seggi residui sono assegnati alle liste che hanno conseguito i maggiori resti; a parità di resti, il seggio è assegnato alla lista che non ha ottenuto seggi o, in mancanza, a quella che ha ottenuto il numero minore di seggi. Per la lista che ha ottenuto il maggior numero di voti, può essere esercitata l'opzione per l'elezione del sindaco o, in alternativa, di un consigliere, nell'ambito dei seggi spettanti. In caso di cessazione di un senatore dalla carica di consigliere o di sindaco, è proclamato eletto rispettivamente il consigliere o sindaco primo tra i non eletti della stessa lista.

2. Quando, in base all'ultimo censimento generale della popolazione, il numero di senatori spettanti a una Regione, ai sensi dell'articolo 57 della Costituzione, come modificato dall'articolo 2 della presente legge costituzionale, è diverso da quello risultante in base al censimento precedente, il Consiglio regionale elegge i senatori nel numero corrispondente all'ultimo censimento, anche in deroga al primo comma del medesimo articolo 57 della Costituzione. Si applicano in ogni caso le disposizioni di cui al comma 1.

3. Nella legislatura in corso alla data di entrata in vigore della presente legge costituzionale, sciolte entrambe le Camere, non si procede alla convocazione dei comizi elettorali per il rinnovo del Senato della Repubblica.

4. Fino alla data di entrata in vigore della legge di cui all'articolo 57, sesto comma, della Costituzione, come modificato dall'articolo 2 della presente legge costituzionale, la prima costituzione del Senato della Repubblica ha luogo, in base alle disposizioni del presente articolo, entro dieci giorni dalla data della prima riunione della Camera dei deputati successiva alle elezioni svolte dopo la data di entrata in vigore della presente legge costituzionale. Qualora alla data di svolgimento

delle elezioni della Camera dei deputati di cui al periodo precedente si svolgano anche elezioni di Consigli regionali o dei Consigli delle Province autonome di Trento e di Bolzano, i medesimi Consigli sono convocati in collegio elettorale entro tre giorni dal loro insediamento.

5. I senatori eletti sono proclamati dal Presidente della Giunta regionale o provinciale.

6. La legge di cui all'articolo 57, sesto comma, della Costituzione, come modificato dall'articolo 2 della presente legge costituzionale, è approvata entro sei mesi dalla data di svolgimento delle elezioni della Camera dei deputati di cui al comma 4.

7. I senatori a vita in carica alla data di entrata in vigore della presente legge costituzionale permangono nella stessa carica, ad ogni effetto, quali membri del Senato della Repubblica.

8. Le disposizioni dei regolamenti parlamentari vigenti alla data di entrata in vigore della presente legge costituzionale continuano ad applicarsi, in quanto compatibili, fino alla data di entrata in vigore delle loro modificazioni, adottate secondo i rispettivi ordinamenti dalla Camera dei deputati e dal Senato della Repubblica, conseguenti alla medesima legge costituzionale.

9. Fino all'adeguamento del regolamento della Camera dei deputati a quanto previsto dall'articolo 72, settimo comma, della Costituzione, come modificato dall'articolo 12 della presente legge costituzionale, in ogni caso il differimento del termine previsto dal medesimo articolo non può essere inferiore a dieci giorni.

10. In sede di prima applicazione dell'articolo 135 della Costituzione, come modificato dall'articolo 37 della presente legge costituzionale, alla cessazione dalla carica dei giudici della Corte costituzionale nominati dal Parlamento in seduta comune, le nuove nomine sono attribuite alternativamente, nell'ordine, alla Camera dei deputati e al Senato della Repubblica.

11. In sede di prima applicazione, nella legislatura in corso alla data di entrata in vigore della presente legge costituzionale, su ricorso motivato presentato entro dieci giorni da tale data, o entro dieci giorni dalla data di entrata in vigore della legge di cui all'articolo 57, sesto comma, della Costituzione, come modificato dalla presente legge, da almeno un quarto dei componenti della Camera dei deputati o un terzo dei componenti del Senato della Repubblica, le leggi promulgate nella medesima legislatura che disciplinano l'elezione dei membri della Camera dei deputati e del Senato della Repubblica possono essere sottoposte al giudizio di legittimità della Corte costituzionale.

La Corte costituzionale si pronuncia entro il termine di trenta giorni. Anche ai fini di cui al presente comma, il termine di cui al comma 6 decorre dalla data di entrata in vigore della presente legge costituzionale. Entro novanta giorni dalla data di entrata in vigore della legge di cui all'articolo 57, sesto comma, come modificato dalla presente legge costituzionale, le Regioni e le Province autonome di Trento e di Bolzano conformano le rispettive disposizioni legislative e regolamentari a quanto ivi stabilito.

12. Le leggi delle Regioni adottate ai sensi dell'articolo 117, terzo e quarto comma, della Costituzione, nel testo vigente fino alla data di entrata in vigore della presente legge costituzionale, continuano ad applicarsi fino alla data di entrata in vigore delle leggi adottate ai sensi dell'articolo 117, secondo e terzo comma, della Costituzione, come modificato dall'articolo 31 della presente legge costituzionale.

13. Le disposizioni di cui al capo IV della presente legge costituzionale non si applicano alle Regioni a statuto speciale e alle Province autonome di Trento e di Bolzano fino alla revisione dei rispettivi statuti sulla base di intese con le medesime Regioni e Province autonome. A decorrere dalla data di entrata in vigore della presente legge costituzionale, e sino alla revisione dei predetti statuti speciali, alle Regioni a statuto speciale e alle Province autonome si applicano le disposizioni di cui all'articolo 116, terzo comma, ad esclusione di quelle che si riferiscono alle materie di cui all'articolo 117, terzo comma, della Costituzione, nel testo vigente fino alla data di entrata in vigore della presente legge costituzionale e resta ferma la disciplina vigente prevista dai medesimi statuti e dalle relative norme di attuazione ai fini di quanto previsto dall'articolo 120 della Costituzione; a seguito della suddetta revisione, alle medesime Regioni a statuto speciale e Province autonome si applicano le disposizioni di cui all'articolo 116, terzo comma, della Costituzione, come modificato dalla presente legge costituzionale.

14. La Regione autonoma Valle d'Aosta/Vallée d'Aoste esercita le funzioni provinciali già attribuite alla data di entrata in vigore della presente legge costituzionale.

Disposizioni finali

1. Il Consiglio nazionale dell'economia e del lavoro (CNEL) è soppresso. Entro trenta giorni dalla data di entrata in vigore della presente legge costituzionale, il Presidente del Consiglio dei Ministri, su proposta del Ministro per la semplificazione e la pubblica amministrazione, d'intesa con il Ministro dell'economia e delle finanze,

nomina, con proprio decreto, un commissario straordinario cui è affidata la gestione provvisoria del CNEL, per le attività relative al patrimonio, compreso quello immobiliare, nonché per la riallocazione delle risorse umane e strumentali presso la Corte dei conti e per gli altri adempimenti conseguenti alla soppressione. All'atto dell'insediamento del commissario straordinario decadono dall'incarico gli organi del CNEL e i suoi componenti per ogni funzione di istituto, compresa quella di rappresentanza.

2. Non possono essere corrisposti rimborsi o analoghi trasferimenti monetari recanti oneri a carico della finanza pubblica in favore dei gruppi politici presenti nei Consigli regionali.

3. Tenuto conto di quanto disposto dalla presente legge costituzionale, entro la legislatura in corso alla data della sua entrata in vigore, la Camera dei deputati e il Senato della Repubblica provvedono, secondo criteri di efficienza e razionalizzazione, all'integrazione funzionale delle amministrazioni parlamentari, mediante servizi comuni, impiego coordinato di risorse umane e strumentali e ogni altra forma di collaborazione. A tal fine è istituito il ruolo unico dei dipendenti del Parlamento, formato dal personale di ruolo delle due Camere, che adottano uno statuto unico del personale dipendente, nel quale sono raccolte e coordinate le disposizioni già vigenti nei rispettivi ordinamenti e stabilite le procedure per le modificazioni successive da approvare in conformità ai princìpi di autonomia, imparzialità e accesso esclusivo e diretto con apposito concorso. Le Camere definiscono altresì di comune accordo le norme che regolano i contratti di lavoro alle dipendenze delle formazioni organizzate dei membri del Parlamento, previste dai regolamenti. Restano validi a ogni effetto i rapporti giuridici, attivi e passivi, instaurati anche con i terzi.

4. Per gli enti di area vasta, tenuto conto anche delle aree montane, fatti salvi i profili ordinamentali generali relativi agli enti di area vasta definiti con legge dello Stato, le ulteriori disposizioni in materia sono adottate con legge regionale. Il mutamento delle circoscrizioni delle Città metropolitane è stabilito con legge della Repubblica, su iniziativa dei Comuni, sentita la Regione.

5. Fermo restando quanto stabilito dall'articolo 59, primo comma, della Costituzione, i senatori di cui al medesimo articolo 59, secondo comma, come sostituito dall'articolo 3 della presente legge costituzionale, non possono eccedere, in ogni caso, il numero complessivo di cinque, tenuto conto della permanenza in carica dei senatori a vita già nominati alla data di entrata in vigore della presente legge costituzionale. Lo stato e le prerogative dei senatori di diritto e

a vita restano regolati secondo le disposizioni già vigenti alla data di entrata in vigore della presente legge costituzionale.

6. I senatori della Provincia autonoma di Bolzano/Autonome Provinz Bozen sono eletti tenendo conto della consistenza dei gruppi linguistici in base all'ultimo censimento. In sede di prima applicazione ogni consigliere può votare per due liste di candidati, formate ciascuna da consiglieri e da sindaci dei rispettivi territori.

INDICE